SUPER FACILE

Soupes repas

Dorian Nieto

SOLAR
EDITIONS

ÉDITO

Vous débutez en cuisine ? Vous êtes pressé par le temps ou disposez de moyens limités ? Pensez aux soupes pour faire face à tous les impératifs et toutes les occasions du quotidien. Dorian, blogueur culinaire créatif et curieux, a imaginé pour vous 90 recettes super faciles de soupes repas. Il vous offre dans ce livre ses secrets pour parvenir à l'équation idéale pour réaliser des assiettes saines et simples, ou comment, avec peu d'ingrédients et aussi peu d'étapes, préparer des recettes variées et originales. Découvrez ainsi l'essentiel pour élaborer des soupes complètes et équilibrées privilégiant les produits de saison et révélant de nouvelles associations gourmandes. Déclinez vos envies de soupes classiques mais aussi de recettes du monde, avec des plats qui redonneront du goût à votre cuisine de tous les jours. Quand simplicité et saveur sont au rendez-vous, cuisiner devient...

... super facile !

SOMMAIRE

PRINTANIÈRE *de légumes*

Pour 4 personnes

Préparation : 10 min

Cuisson : 25 min

- 250 g de pommes de terre coupées en dés
- 2 carottes nouvelles coupées en rondelles
- 2 navets nouveaux coupés en quartiers
- 2 oignons nouveaux émincés
- 60 cl de bouillon de légumes
- 90 g de petits pois frais
- 12 pointes d'asperges vertes coupées en tronçons
- 1 petit bol de pousses de salade ou d'oseille rouge
- 1 cuil. à soupe d'huile d'olive
- Sel et poivre

Notes : ....

1 **Dans une casserole,** versez l'huile et faites revenir les oignons, les pommes de terre, les carottes et les navets à feu moyen durant 5 minutes, en remuant régulièrement.

2 **Ajoutez le bouillon** et faites cuire à couvert durant 12 minutes.

3 **Ajoutez** les petits pois et les asperges, salez et poivrez et poursuivez la cuisson 8 minutes de plus.

4 **Versez** dans des bols, parsemez les pousses de salade et servez aussitôt.

*Vous pouvez parfumer le bouillon en ajoutant des **herbes** de Provence fraîches, du **thym** ou de l'**origan**.*

SOUPE de légumes au curry

Pour 4 personnes

Préparation : 15 min

Cuisson : 30 min

1 patate douce pelée et coupée en dés

350 g de chou-fleur coupé en petits bouquets

90 g de feuilles d'épinards

1 oignon coupé en cubes

1 gousse d'ail émincée

1 cuil. à café de gingembre frais râpé

1 cuil. à café de curry en poudre

90 cl de bouillon de légumes

20 g de beurre

Sel et poivre

1 Dans une casserole, à feu doux, faites revenir l'oignon, l'ail et le gingembre avec le beurre 5 minutes en remuant régulièrement.

2 Ajoutez la patate douce, le chou-fleur et le curry, salez et poivrez, remuez 1 minute, puis versez le bouillon et laissez cuire 20 minutes.

3 Retirez à l'aide d'une écumoire, un tiers des légumes. Mixez le contenu de la casserole au robot plongeant, ajoutez les épinards, couvrez et laissez cuire 3 minutes.

4 Ajoutez les légumes retirés dans la soupe mixée, mélangez et servez aussitôt.

Il existe une multitude de currys plus ou moins piquants, prenez garde en choisissant le vôtre à ce qu'il soit à votre goût.

SOUPE DE CÉLINE
au velouté de haricots et au chou-fleur

Pour 4 personnes

Préparation : 10 min

Cuisson : 50 min

400 g de haricots blancs au naturel égouttés

400 g de chou-fleur en petits bouquets

400 g de tomates concassées (1 grosse boîte)

1 cuil. à café de paprika

2 gousses d'ail hachées grossièrement

1 oignon coupé en cubes

90 cl de bouillon de légumes

4 tiges d'origan effeuillées

2 cuil. à soupe d'huile d'olive

Sel et poivre

1 **Préchauffez** le four à 180 °C (th. 6).

2 **Mettez** le chou-fleur dans un grand bol, arrosez-le de 1 cuillerée à soupe d'huile d'olive, saupoudrez de paprika et mélangez. Étalez les bouquets de chou-fleur sur une feuille de papier cuisson et enfournez pour 10 minutes avec un petit bol d'eau au fond du four.

3 **Éteignez** le four et laissez la cuisson se poursuivre 10 minutes.

4 **Dans une casserole,** versez 1 cuillerée à soupe d'huile d'olive et faites-y revenir l'ail et l'oignon durant 5 minutes à feu moyen, en remuant régulièrement.

5 **Ajoutez** les tomates, le bouillon et l'origan, puis faites cuire 12 minutes.

6 **Ajoutez** les haricots, salez, poivrez et prolongez la cuisson de 12 minutes, puis passez le tout au mixeur plongeant.

7 **Versez** dans des assiettes creuses et répartissez les bouquets de chou-fleur dans les soupes.

Vous pouvez ajouter
un peu d'emmental râpé
et quelques graines de courge au moment de servir.

SOUPE caponata

Pour 4 personnes

Préparation : 10 min

Cuisson : 25 min

1 poivron rouge coupé en cubes

1 poivron vert coupé en cubes

1/2 fenouil coupé en cubes + quelques pluches pour servir

1 belle aubergine coupée en cubes

1 belle courgette coupée en cubes

4 cuil. à soupe d'olives noires dénoyautées coupées en tranches

2 feuilles de laurier

4 tiges d'origan effeuillées

1 gousse d'ail hachée finement

90 cl de bouillon

2 cuil. à soupe d'huile d'olive

Sel et poivre

1 Versez l'huile dans une casserole et faites revenir les poivrons, le fenouil, le laurier, l'origan et l'ail pendant 5 minutes à feu moyen, en remuant régulièrement.

2 Ajoutez l'aubergine, la courgette et les olives, salez, poivrez et poursuivez la cuisson 5 minutes, toujours en remuant.

3 Prélevez l'équivalent d'un petit bol de légumes, hachez-les en petits morceaux et réservez-les pour le dressage.

4 Ajoutez le bouillon aux légumes et poursuivez la cuisson 12 minutes.

5 Ôtez les feuilles de laurier et passez le tout au mixeur plongeant.

6 Servez accompagné des légumes réservés et de quelques pluches de fenouil.

*Cette soupe est idéale pour un dîner léger. Vous pouvez l'étoffer un peu en **parsemant** des copeaux de **jambon cru** au moment de servir.*

SOUPE DE CHOUX
de Bruxelles aux marrons

Pour 4 personnes

Préparation : 10 min

Cuisson : 25 min

250 g de choux de Bruxelles coupés en deux

250 g de pommes de terre coupées en cubes

250 g de marrons cuits au naturel

1 oignon coupé en cubes

2 branches de thym

90 cl de bouillon de légumes

10 cl de crème liquide entière

2 cuil. à soupe de noisettes concassées

20 g de beurre

Sel et poivre

1 **Prélevez** quelques marrons et quelques choux de Bruxelles pour la présentation finale.

2 **Dans une casserole,** faites fondre le beurre et laissez revenir l'oignon et le thym 5 minutes à feu moyen, en remuant régulièrement.

3 **Ajoutez** les pommes de terre et les choux de Bruxelles et prolongez la cuisson de 5 minutes à couvert, salez et poivrez.

4 **Ajoutez** les marrons, le bouillon et laissez cuire 12 minutes de plus.

5 **Ajoutez** la crème dans la casserole et passez le tout au mixeur plongeant.

6 **Servez** dans des assiettes creuses, répartissez les marrons et les choux de Bruxelles réservés, puis saupoudrez de noisettes concassées et décorez d'un trait de crème fraîche.

Notes : ....

*Pour réaliser cette recette en toute saison, n'hésitez pas à utiliser des **choux** de Bruxelles **surgelés**.*

SOUPE DU SUD
aux herbes

Pour 4 personnes
Préparation : 5 min
Cuisson : 30 à 40 min

- 120 g de lentilles blondes
- 180 g de pois chiches au naturel égouttés
- 400 g de tomates concassées
- 2 oignons coupés en petits cubes
- 1 cuil. à café de ras el-hanout
- 1 cuil. à café de gingembre frais râpé
- 90 cl de bouillon de légumes
- 1 yaourt à la grecque
- 4 tiges de coriandre effeuillées hachées grossièrement
- 4 tiges de menthe effeuillées hachées grossièrement
- 1 ciboule émincée
- 1 cuil. à soupe d'huile d'olive
- Sel et poivre

Notes :

1 Versez l'huile dans une casserole et faites-y revenir les oignons à feu moyen durant 5 minutes, en remuant régulièrement.

2 Ajoutez le ras el-hanout et le gingembre, mélangez pendant 1 minute.

3 Ajoutez les lentilles et le bouillon et faites cuire 10 minutes à couvert, puis mettez les pois chiches et poursuivez la cuisson 10 minutes.

4 Ajoutez les tomates, salez, poivrez et laissez encore cuire 10 minutes à petit feu.

5 Versez la soupe dans les bols, répartissez le yaourt, puis parsemez les herbes et la ciboule.

N'hésitez pas à préparer cette soupe à l'avance, elle sera encore meilleure réchauffée !

SOUPE
de champignons au bleu

Pour 4 personnes

Préparation : 10 min

Cuisson : 25 min

500 g de champignons de Paris coupés en quatre

150 g de bleu de Bresse

1 oignon coupé en dés

1 gousse d'ail hachée

2 feuilles de laurier

20 cl de vin blanc

60 cl de bouillon de légumes

30 cl de crème liquide

20 g de beurre

Sel et poivre

Notes : ....

1 Faites revenir dans une casserole l'oignon, l'ail et le laurier avec le beurre pendant 5 minutes à feu moyen, en remuant régulièrement.

2 Versez le vin blanc, ajoutez les champignons et laissez cuire à couvert 5 minutes, toujours en remuant.

3 Réservez quelques champignons pour le dressage puis versez le bouillon et continuez de faire cuire 12 minutes.

4 Retirez le laurier, ajoutez la crème et la moitié du bleu. Salez et poivrez, puis passez le tout au mixeur.

5 Servez accompagné des champignons réservés et parsemez de copeaux de bleu.

Vous pouvez remplacer le fromage bleu par du roquefort, mais dans ce cas, ne salez pas trop la soupe.

SOUPE D'HÉLÈNE
aux pois chiches et aux blettes

Pour 4 personnes

Préparation : 10 min

Cuisson : 30 min

1 bouquet de petites feuilles de blette coupées en lanières de 1 cm environ

1 oignon émincé finement

400 g de pois chiches cuits

2 cuil. à soupe de pâte tandoori ou de pâte de curry jaune

40 cl de lait de coco

40 cl de bouillon de légumes

60 g de noisettes grossièrement hachées

1 cuil. à soupe d'huile d'olive

1 citron vert

Sel et poivre

1 **Réservez** un quart des blettes pour parsemer sur les soupes au moment de servir. Versez l'huile dans une casserole et faites-y revenir l'oignon à feu moyen durant 5 minutes, en remuant régulièrement.

2 **Ajoutez** les trois quarts des blettes et la pâte tandoori, puis mélangez le tout pendant 1 minute.

3 **Ajoutez** le lait de coco, le bouillon de légumes et les pois chiches rincés et égouttés, salez et poivrez.

4 **Faites cuire** à feu moyen et à couvert pendant 20 minutes.

5 **Retaillez** plus finement les blettes réservées, parsemez-les sur la soupe, puis mélangez-les rapidement.

6 **Répartissez** la soupe dans les assiettes et parsemez par-dessus les noisettes. Servez avec des tranches de citron vert.

Notes : ....

Pour donner plus de caractère à cette soupe, remplacez les **blettes** par du **chou kale.**

SOUPE aux 7 légumes

Pour 4 personnes

Préparation : 20 min

Cuisson : 20 min

200 g de pommes de terre coupées en tout petits cubes

100 g de carottes coupées en tout petits cubes

100 g de navets coupés en tout petits cubes

100 g de petits pois

100 g de haricots verts coupés en tronçons de 1 cm.

2 blancs de poireau coupés en rondelles de 1/2 cm

8 petits oignons blancs émincés

2 branches d'estragon

90 cl de bouillon de légumes

2 cuil. à soupe d'huile d'olive + un peu pour le service

Sel et poivre

Notes :

1 **Faites revenir** dans une casserole tous les légumes et 1 branche d'estragon avec l'huile, à feu moyen, pendant 5 minutes et en remuant régulièrement.

2 **Versez** le bouillon, salez, poivrez et poursuivez la cuisson à couvert une quinzaine de minutes jusqu'à ce que les légumes soient bien cuits.

3 **Servez** dans des bols ou des assiettes creuses, arrosez d'un trait d'huile d'olive et ajoutez quelques feuilles fraîches d'estragon.

Si vous préférez les soupes onctueuses, celle-ci sera tout aussi bonne moulinée.

SOUPE BLANCHE
à l'ail

Pour 2 personnes

Préparation : 10 min

Réfrigération : 2 h

200 g d'amandes émondées + 2 cuil. à soupe grossièrement hachées pour servir

200 g de pain de mie sans croûte

2 gousses d'ail coupées en quatre

1 cuil. à soupe de vinaigre de Xérès

3 cuil. à soupe d'huile d'olive

1 grappe de raisin blanc

Sel et poivre

Notes : ....

1 **Versez** les amandes dans un plat, le pain de mie, arrosez de 30 cl d'eau et laissez le tout reposer 1 heure au réfrigérateur.

2 **Ajoutez** l'ail, le vinaigre, l'huile et mixez le tout finement, salez et poivrez, ajoutez 30 cl d'eau jusqu'à obtenir la consistance désirée, mixez à nouveau, puis laissez reposer 1 heure de plus au réfrigérateur.

3 **Versez** dans des assiettes creuses et déposez les grains de raisin coupés en deux, puis saupoudrez avec les amandes hachées et servez aussitôt.

Pour une variante plus estivale, vous pouvez ajouter des billes de melon espagnol dans la soupe.

SOUPE DE POTIRON
et légumes-racines

Pour 4 personnes

Préparation : 15 min

Cuisson : 25 min

300 g de potiron coupé en dés

150 g de carottes coupées en dés

150 g de panais coupés en dés

150 g de topinambours coupés en dés

1 oignon coupé en dés

90 cl de bouillon de légumes

60 g de chips de légumes

2 cuil. à soupe d'huile de colza

Sel et poivre

1 Versez l'huile dans une casserole et faites revenir l'oignon, le potiron, les carottes, les panais et les topinambours pendant 5 minutes à feu moyen, en remuant régulièrement.

2 Versez le bouillon, salez, poivrez et laissez cuire encore 20 minutes à couvert.

3 Passez le tout au mixeur plongeant, puis servez dans des assiettes creuses, accompagné des chips de légumes.

N'hésitez pas à utiliser différentes sortes de courges (potimarron, butternut, citrouille...) pour varier les plaisirs.

Notes : ....

....

....

SOUPE aux 2 patates et à l'oseille

Pour 4 personnes

Préparation : 10 min

Cuisson : 30 min

300 g de pommes de terre coupées en cubes

300 g de patate douce coupée en cubes

1 petite botte d'oseille coupée en lanières

1 oignon coupé en cubes

1 cuil. à café de garam masala

60 cl de bouillon de légumes

20 cl de lait de coco

4 cuil. à soupe d'amandes concassées

1 petit bol d'oseille rouge (facultatif)

1 cuil. à soupe d'huile de colza

Sel et poivre

Notes :

1 **Versez** l'huile dans une casserole et faites revenir l'oignon 5 minutes à feu moyen, en remuant régulièrement. Ajoutez les pommes de terre, la patate douce, le garam masala et l'oseille, salez, poivrez et poursuivez la cuisson 5 minutes à couvert, toujours en remuant.

2 **Versez** le bouillon et laissez cuire 15 minutes, toujours à couvert.

3 **Versez** le lait de coco et poursuivez la cuisson 5 minutes.

4 **Mixez** très finement, parsemez les amandes et, si vous le souhaitez, les feuilles d'oseille rouge.

Vous pouvez varier les saveurs en remplaçant le garam masala par du curry.

SOUPE de potiron

Pour 4 personnes

Préparation : 15 min

Cuisson : 20 min

750 g de potiron coupé en dés

2 oignons coupés en dés

60 cl de bouillon de légumes

30 cl de lait

3 à 4 pincées de noix de muscade

20 g de beurre

Sel et poivre

Pour servir

4 cuil. à soupe de crème fraîche entière

4 cuil. à soupe de persil haché finement

4 tranches de baguettes toastées, coupées en croûtons

Notes :

1 **Faites fondre** le beurre dans une casserole et laissez revenir les oignons et le potiron 5 minutes à feu moyen, en remuant régulièrement.

2 **Versez** le bouillon, le lait, la muscade, salez, poivrez et laissez cuire 15 minutes à couvert.

3 **Passez** le tout au mixeur plongeant.

4 **Servez** chaque assiette accompagnée de 1 cuillerée de crème fraîche et parsemez de persil et des croûtons.

Au moment de servir, vous pouvez parsemer 1 cuillerée à soupe de graines mélangées (potiron, sésame, tournesol...) dans chaque assiette.

SOUPE courgette, menthe, feta

Pour 4 personnes

Préparation : 10 min

Cuisson : 20 min

600 g de courgettes coupées en demi-rondelles

1 gousse d'ail

1 cuil. à soupe d'huile d'olive + un peu pour le service

60 cl de bouillon de légumes

Pour servir

Des tranches de pain

100 g de feta

4 tiges de menthe effeuillées

Sel et poivre

1 **Faites revenir** l'ail dans une casserole à feu moyen avec l'huile 1 minute en remuant régulièrement.

2 **Ajoutez** les courgettes et laissez cuire 3 minutes en remuant régulièrement.

3 **Versez** le bouillon, salez et poivrez à votre goût et laissez cuire encore 12 minutes.

4 **Ajoutez** la moitié de la menthe et mixez au robot plongeant.

5 **Toastez** les tranches de pain et émiettez-y la feta par-dessus.

6 **Répartissez** la soupe dans les assiettes, déposez les tranches de pain avec la feta sur la soupe, parsemez quelques feuilles de menthe et terminez en versant un filet d'huile d'olive.

Notes :

Idéal pour un dîner léger !

GASPACHO
à la betterave

Pour 4 personnes

Préparation : 10 min

200 g de betterave cuite coupée en gros cubes

400 g de tomates

120 g de concombre

2 cuil. à soupe d'huile d'olive

2 cuil. à café de vinaigre balsamique

2 cuil. à soupe de pistaches hachées

Sel et poivre

1 Coupez 30 g de concombre en tout petits cubes, réservez-les, et hachez le reste grossièrement.

2 Versez le concombre haché dans un blender avec la betterave, les tomates, l'huile et le vinaigre, salez et poivrez à votre goût et mixez le tout finement. Si le gaspacho est trop épais, vous pouvez ajouter 2 à 3 cuillerées à soupe d'eau et mixer de nouveau.

3 Servez dans des bols ou des assiettes creuses et répartissez par-dessus les cubes de concombre réservés et les pistaches hachées.

N'hésitez pas à utiliser d'autres sortes de ***betteraves****, des* ***crapaudines*** *par exemple, pour une saveur renouvelée.*

Notes :

SOUPE FROIDE
melon feta

Pour 4 personnes

Préparation : 15 min

La chair d'un melon coupée en cubes

150 g de feta coupée en petits cubes

1 cuil. à soupe d'huile d'olive + un peu pour le service

2 tiges de menthe effeuillées

2 tiges de basilic effeuillées

2 cuil. à soupe d'amandes effilées

1 cuil. à café de crème balsamique

Sel et poivre

Notes :

1 Mettez le melon dans un mixeur, ajoutez l'huile d'olive et la moitié des feuilles de menthe et de basilic, poivrez, salez et hachez finement.

2 Versez le melon dans des assiettes creuses, puis parsemez la feta, les amandes, les feuilles de menthe et de basilic restantes.

3 Arrosez le tout avec la crème balsamique en filet, ajoutez un trait d'huile d'olive et poivrez.

Vous pouvez préparer cette recette avec un melon jaune espagnol.

SOUPE FROIDE
aubergine, poivrons, tomates et mozzarella

Pour 4 personnes
Préparation : 10 min
Cuisson : 25 min
Réfrigération : 1 h

- 1 aubergine pelée et coupée en petits dés
- 4 poivrons jaunes coupés en dés
- 2 tomates coupées en cubes
- 1 oignon coupé en cubes
- 1 gousse d'ail coupée en quatre
- 60 cl de bouillon de légumes
- 4 tiges de basilic effeuillées
- 2 cuil. à soupe d'huile d'olive
- Sel et poivre

Pour servir

- 12 billes de mozzarella coupées en deux
- 4 cuil. à café de vinaigre balsamique

Notes :

1 **Versez** l'huile dans une casserole et faites revenir l'oignon, l'ail et les poivrons à feu moyen, 5 minutes en remuant régulièrement.

2 **Ajoutez** l'aubergine, les tomates et la moitié du basilic, salez, poivrez et poursuivez la cuisson 5 minutes, toujours en remuant.

3 **Versez** le bouillon et faites cuire 15 minutes à couvert.

4 **Mixez** finement et réservez 1 heure au réfrigérateur.

5 **Servez** dans des assiettes creuses. Ajoutez la mozzarella, les feuilles de basilic restantes et 1 cuillerée à café de vinaigre balsamique dans chaque assiette.

*Pour une soupe plus parfumée, vous pouvez ajouter quelques **herbes fraîches** supplémentaires (thym, romarin, origan...).*

SOUPE FROIDE
de courgettes au Boursin®

Pour 4 personnes

Préparation : 10 min

Cuisson : 20 min

Réfrigération : 1 h

4 courgettes coupées en tranches

1 Boursin® ail et fines herbes (150 g)

4 oignons nouveaux coupés en dés

60 cl de bouillon de légumes

4 tiges de menthe effeuillées

4 crackers aux graines

1 cuil. à soupe d'huile d'olive

Sel et poivre

Notes : ....

....

....

1 **Versez** l'huile dans une casserole et faites revenir les oignons et les courgettes 5 minutes en remuant régulièrement. Ajoutez le bouillon et poursuivez la cuisson 12 minutes. Salez et poivrez.

2 **Ajoutez** 100 g de Boursin®, les feuilles de menthe et mixez finement.

3 **Laissez refroidir** le tout au réfrigérateur pendant 1 heure au moins.

4 **Servez** accompagné des crackers tartinés du reste de Boursin®.

Cette recette peut être réalisée avec toutes sortes de courgettes, vertes ou jaunes.

GASPACHO *vert*

Pour 4 personnes

Préparation : 20 min

Repos : 1 h

- 500 g de tomates vertes
- 60 g de concombre
- 1/2 avocat bien mûr
- 60 g de piment vert ou poivron vert
- 1 oignon nouveau
- 1 gousse d'ail
- 30 g de pain de mie sans croûte
- 3 cl d'huile d'olive + un peu pour le service
- 1 cuil. à soupe de jus de citron vert
- 1 tranche de pain de mie toastée coupée en petits cubes
- Sel et poivre

Notes : ....

1 **Coupez** une petite partie des légumes (tomates, concombre, avocat) en petits dés (de quoi remplir un petit bol) et réservez.

2 **Mettez** dans un saladier les tomates, le concombre, l'avocat, le piment ou le poivron, l'oignon et l'ail coupés grossièrement. Ajoutez le pain de mie coupé en gros dés, l'huile et le jus de citron, salez et poivrez. Mélangez le tout avant de mettre au frais pendant au moins 1 heure.

3 **Au moment de servir,** mixez finement le contenu du saladier.

4 **Versez** dans les assiettes, répartissez par-dessus le reste des légumes, les cubes de pain de mie toasté avec un filet d'huile d'olive.

Les tomates vertes étant quelquefois plus acides que les rouges, n'hésitez pas à ajouter 1 cuillerée à café de sucre en poudre dans le gaspacho avant de le mixer.

SOUPE
de poivrons jaunes et tuiles au parmesan

Pour 4 personnes

Préparation : 20 min

Cuisson : 20 min

3 poivrons jaunes coupés en dés

1 pomme de terre coupée en cubes

2 courgettes jaunes coupées en tranches

1 oignon coupé en dés

60 cl de bouillon de légumes

100 g de parmesan râpé

1 cuil. à soupe d'huile d'olive

Sel et poivre

1 Faites revenir dans une casserole les poivrons, la pomme de terre, les courgettes et l'oignon avec l'huile pendant 5 minutes à feu moyen, en remuant régulièrement.

2 Versez le bouillon, salez, poivrez et laissez cuire 15 minutes à couvert.

3 Saupoudrez une fine couche de parmesan sur une feuille de papier cuisson posée sur une assiette, râpé en un cercle d'une dizaine de centimètres, passez au four à micro-ondes 20 secondes, retirez immédiatement et posez la feuille de cuisson sur un rouleau à pâtisser le temps que le parmesan fondu en prenne la forme.

4 Répétez l'opération jusqu'à obtenir une dizaine de tuiles de parmesan.

5 Versez la soupe dans les assiettes et déposez les tuiles de parmesan par-dessus juste avant de servir.

Notes :

Vous pouvez varier les couleurs
selon le type de poivrons utilisés !

SOUPE de pommes de terre et camembert

Pour 4 personnes

Préparation : 10 min

Cuisson : 25 min

800 g de pommes de terre coupées en gros cubes

1/2 camembert coupé en fines tranches

2 oignons coupés en gros cubes

2 gousses d'ail

2 feuilles de laurier

90 cl de bouillon de légumes

40 g de beurre

Sel et poivre

1 **Faites revenir** dans une casserole et à feu moyen les oignons, l'ail et le laurier dans le beurre durant 5 minutes, en remuant régulièrement.

2 **Ajoutez** les pommes de terre et laissez cuire à couvert pendant 5 minutes, en remuant de temps en temps.

3 **Ajoutez** le bouillon et poursuivez la cuisson 12 minutes.

4 **Retirez** les feuilles de laurier, salez, poivrez et mixez au robot plongeant.

5 **Versez** dans des bols ou des assiettes creuses et déposez les tranches de camembert sur les soupes.

Notes :

Vous pouvez remplacer le **camembert** par d'**autres fromages**, même très différents, notamment du **fromage de chèvre**.

SOUPE *de carottes rôties et fromage de chèvre*

Pour 4 personnes

Préparation : 15 min

Cuisson : 30 min

600 g de carottes coupées en morceaux

4 oignons nouveaux hachés grossièrement

1 gousse d'ail hachée grossièrement

90 cl de bouillon de légumes

1 cuil. à soupe de persil haché

2 cuil. à soupe d'huile d'olive

Sel et poivre

Pour servir

6 petites carottes nouvelles coupées dans la longueur

1 cuil. à soupe de sirop d'érable

2 tranches de baguettes coupées en biais

2 crottins de chèvre pas trop secs

1 cuil. à café de graines de cumin

1 **Préchauffez le four** à 180 °C (th. 6).

2 **Dans une casserole,** versez 1 cuillerée à soupe d'huile et faites revenir les oignons, l'ail et les carottes durant 5 minutes à feu moyen, en remuant régulièrement.

3 **Ajoutez** le bouillon, laissez cuire 12 minutes, puis mixez finement.

4 **Étalez** les carottes nouvelles sur une plaque de four recouverte de papier cuisson, badigeonnez-les d'huile et de sirop d'érable, salez, poivrez et faites cuire une douzaine de minutes en vérifiant la cuisson de temps en temps.

5 **Toastez** légèrement les baguettes. Étalez des tranches de crottin sur le pain toasté et saupoudrez-les de graines de cumin.

6 **Servez** la soupe, ajoutez les carottes passées au four, les tartines de chèvre et parsemez le tout de persil.

Cette soupe est idéale pour un dîner léger, mais vous pouvez la parfumer et l'étoffer en lui ajoutant un peu de crottin de chèvre juste avant de la mixer.

VELOUTÉ de Vincent aux courgettes, au Kiri® et au cumin

Pour 4 personnes

Préparation : 10 min

Cuisson : 30 min

2 grosses pommes de terre coupées en dés

2 belles courgettes coupées en dés

2 oignons coupés en dés

2 gousses d'ail

2 cuil. à café de cumin en poudre

1 cuil. à café de curry

90 cl de bouillon de volaille

40 g de beurre

Poivre

Pour servir

4 tranches de pain toastées

120 g de Kiri® (fromage à tartiner)

4 tiges de ciboulette émincées

4 tiges de menthe effeuillées

1 Faites fondre le beurre à feu moyen dans une sauteuse et laissez revenir les oignons et l'ail 5 minutes en remuant, poivrez généreusement.

2 Ajoutez les pommes de terre et poursuivez la cuisson 5 minutes.

3 Ajoutez les courgettes, le cumin, le curry, mélangez, versez le bouillon et laissez cuire 20 minutes à couvert.

4 Tartinez chaque pain toasté d'une portion de Kiri®.

5 Mixez finement la soupe, ajoutez le reste de fromage (40 g), mélangez, parsemez les feuilles de menthe et la ciboulette, puis servez accompagné des tartines.

*N'hésitez pas à **varier** les types de fromages (Philadelphia® ou Boursin®, par exemple).*

SOUPE mexicaine, tomates et tortillas chips

Pour 4 personnes

Préparation : 10 min

Cuisson : 35 min

4 grosses tomates coupées en cubes

1 poivron jaune coupé en cubes

1 gros oignon coupé en dés

2 gousses d'ail en chemise

2 feuilles de laurier

1/4 cuil. à café de paprika

90 cl de bouillon de légumes

1 cuil. à soupe d'huile de tournesol

Sel et poivre

Pour servir

120 g de feta

1 avocat coupé en morceaux

1 bol de tortillas nature

1 petit piment haché finement

2 tiges de coriandre hachées

1 Faites revenir l'oignon dans une casserole, les gousses d'ail, le laurier et le poivron avec l'huile pendant 5 minutes à feu moyen, en remuant.

2 Ajoutez les tomates, le paprika, le bouillon, salez et poivrez, puis laissez cuire à couvert 30 minutes, à feu moyen.

3 Versez dans des assiettes creuses, puis répartissez la feta, l'avocat, les tortillas, saupoudrez des feuilles de coriandre et parsemez de piment selon votre goût.

N'hésitez pas à préparer cette soupe à l'avance et à la garnir seulement au moment de la servir après l'avoir réchauffée.

SOUPE
de poireau, pommes de terre et tartines de fromage frais

Pour 4 personnes

Préparation : 15 min

Cuisson : 25 min

2 poireaux coupés en tronçons

600 g de pommes de terre coupées en cubes

4 oignons nouveaux émincés finement

90 cl de bouillon de légumes

4 tiges de persil plat haché

20 g de beurre

Sel et poivre

Pour servir

2 cuil. à soupe de crème liquide

4 cuil. à soupe de fromage frais

8 tranches de baguettes toastées

Notes : ......

1 **Faites fondre** le beurre dans une casserole et revenir les poireaux et les oignons 5 minutes à feu moyen, en remuant régulièrement.

2 **Ajoutez** les pommes de terre et poursuivez la cuisson 5 minutes.

3 **Versez** le bouillon, salez, poivrez et laissez cuire 15 minutes à couvert.

4 **Mixez** finement et ajoutez la moitié du persil.

5 **Mélangez** dans un bol 1 cuillerée à soupe de crème avec le fromage frais et le persil restant. Tartinez les baguettes avec ce mélange.

6 **Servez** la soupe dans des assiettes creuses avec un trait de crème accompagnée des tartines.

Pour éviter tout résidu de terre, n'hésitez pas à **nettoyer** à nouveau les **poireaux** après les avoir coupés en tronçons.

SOUPE
à l'oignon et au camembert croustillant

Pour 4 personnes

Préparation : 10 min

Cuisson : 35 min

900 g d'oignons émincés finement

4 tiges de thym effeuillées

20 cl de vin blanc

1 cuil. à soupe de farine

90 cl de bouillon de légumes

20 g de beurre

2 cuil. à soupe d'huile

Sel et poivre

Pour servir

4 tranches de camembert de 1 cm d'épaisseur environ

4 tranches de baguettes grillées taillées en croûtons

Notes :

1 Faites fondre le beurre dans une casserole dans l'huile et laissez-y revenir les oignons et le thym à couvert, durant 10 minutes, à feu assez vif et en remuant régulièrement.

2 Ajoutez le vin et la farine, remuez bien et poursuivez la cuisson 10 minutes, toujours en remuant.

3 Versez le bouillon de légumes, salez, poivrez selon votre goût, et laissez cuire une dizaine de minutes de plus.

4 Déposez les tranches de camembert côte à côte sur une feuille de papier cuisson posée sur une assiette, et passez-les au four à micro-ondes 2 à 3 minutes, par paliers de 30 secondes, jusqu'à ce que cela prenne l'aspect d'une galette gonflée, séchée et garnie de petites bulles (attention à ce qu'il ne brûle pas).

5 Versez la soupe dans des assiettes creuses, puis répartissez les croûtons grillés et ajoutez les brisures de camembert par-dessus.

Pour faire plus simple, vous pouvez accompagner cette soupe de tranches de pain tartinées de camembert et juste gratinées au four.

SOUPE
chou-fleur, pommes de terre et tartines au bleu

Pour 4 personnes

Préparation : 20 min

Cuisson : 30 min

700 g de chou-fleur coupé en bouquets, puis en tranches fines

360 g de pommes de terre coupées en petits dés

1 oignon finement haché

60 cl de bouillon de légumes

1 yaourt à la grecque

25 g de beurre

Sel et poivre

Pour servir

4 tranches de baguettes coupées dans la longueur

150 g de bleu d'Auvergne

Une dizaine de brins de ciboulette hachés

Notes : ....

....

....

1 Faites cuire dans une grande casserole à feu doux l'oignon et les dés de pommes de terre avec le beurre une dizaine de minutes à couvert, en remuant de temps en temps.

2 Ajoutez le chou-fleur et le bouillon, salez, poivrez et laissez cuire encore 20 minutes à couvert.

3 Prélevez une louche de bouillon, incorporez-y le yaourt, versez de nouveau dans la casserole et mélangez.

4 Passez le fromage quelques secondes au micro-ondes pour le rendre coulant, puis étalez-le sur le pain.

5 Versez la soupe dans des assiettes creuses, parsemez de ciboulette ciselée et servez avec les tranches de baguettes au fromage.

Pour une version croquante, ajoutez quelques noisettes concassées au moment de servir.

SOUPE
aux poivrons et tartines de tapenade verte

Pour 4 personnes

Préparation : 20 min

Cuisson : 35 à 40 min

2 poivrons jaunes

4 grosses tomates coupées en cubes

2 gousses d'ail hachées

2 branches de thym effeuillées

90 cl de bouillon de légumes

1 cuil. à soupe d'huile d'olive

Sel et poivre

Pour servir

8 tranches de pain légèrement toastées

120 g de tapenade verte

Notes : ....

1 **Préchauffez le four** à 210 °C.

2 **Faites revenir** l'ail dans une casserole et le thym dans l'huile pendant 3 minutes à feu moyen en remuant.

3 **Ajoutez** le bouillon de légumes, les tomates, salez et poivrez et faites cuire à couvert pendant 20 minutes.

4 **Pendant ce temps,** mettez les poivrons entiers au four pour 10 à 15 minutes, jusqu'à ce que leur peau commence à noircir légèrement, puis mettez-les dans un sac de congélation fermé durant 5 minutes. Pelez-les et videz-les. Coupez la moitié d'un poivron en petits dés et réservez-le.

5 **Ajoutez** le reste des poivrons dans la casserole et passez le tout au mixeur plongeant.

6 **Servez** dans les bols, ajoutez les dés de poivron et les tranches de pain tartinées de tapenade.

N'hésitez pas à varier la couleur des poivrons, rouge ou orange, mais évitez toutefois les verts au goût bien différent.

SOUPE PAYSANNE
aux châtaignes et tartines au chèvre

Pour 4 personnes

Préparation : 10 min

Cuisson : 40 min

400 g de châtaignes

400 g de pommes de terre

1 carotte coupée en fines rondelles

1 branche de céleri coupée en fines tranches

1/2 oignon émincé

2 feuilles de laurier

90 cl de bouillon de légumes

20 g de beurre

Sel et poivre

Pour servir

4 tranches de pain de campagne

180 g de fromage de chèvre

Notes : ....

....

....

1 Faites revenir dans une casserole l'oignon, les pommes de terre, la carotte, le céleri et le laurier avec le beurre pendant 5 minutes à feu moyen, en remuant.

2 Versez le bouillon, les châtaignes et laissez cuire à couvert 30 minutes, salez et poivrez.

3 Tartinez les tranches de pain de campagne de fromage de chèvre et passez-les sous le gril pendant 3 minutes jusqu'à ce que le fromage soit légèrement gratiné.

4 Répartissez la soupe dans les assiettes et servez avec les tartines.

Cette soupe sera tout aussi bonne mixée, mais n'oubliez pas de retirer les feuilles de laurier au préalable.

SOUPE POIREAUX, *pommes de terre et tartines au gorgonzola*

Pour 4 personnes

Préparation : 15 min

Cuisson : 25 min

2 poireaux émincés finement

500 g de pommes de terre coupées en petits cubes

1/2 oignon taillé en petits cubes

20 g de beurre

20 cl de lait

20 cl de crème liquide

Sel et poivre

Pour servir

4 tranches de pain de campagne toastées

90 g de gorgonzola

1 Faites revenir dans une grande casserole une dizaine de minutes à feu doux l'oignon et les poireaux (gardez-en un peu pour la fin) avec le beurre en remuant régulièrement.

2 Ajoutez les pommes de terre, remuez et versez 45 cl d'eau et le lait. Salez et poivrez à votre goût et laissez cuire une quinzaine de minutes.

3 Ajoutez la crème liquide et mixez finement au robot plongeant.

4 Étalez le gorgonzola sur les tranches de pain.

5 Répartissez la soupe dans les assiettes, parsemez le poireau réservé et déposez les tartines au fromage.

Vous pouvez également ajouter dans la soupe un peu de gorgonzola en même temps que la crème liquide pour lui donner plus de caractère.

Notes : ......

SOUPE
de cresson, pommes de terre et tartines de cantal

Pour 4 personnes

Préparation : 10 min

Cuisson : 30 min

1 botte de cresson effeuillée

500 g de pommes de terre pelées et coupées en cubes

1 petit oignon haché

60 cl de bouillon de légumes

20 g de beurre

Sel et poivre

Pour servir

4 tranches de pain

90 g de cantal râpé

4 cuil. à soupe de crème liquide

Notes :

1 **Faites revenir** l'oignon dans une casserole à feu moyen, avec le beurre pendant 5 minutes en remuant régulièrement.

2 **Ajoutez** les cubes de pomme de terre, le bouillon, salez, poivrez et laissez mijoter 20 minutes.

3 **Ajoutez** alors les feuilles de cresson, remuez et laissez cuire 3 minutes.

4 **Mixez** au robot plongeant, plus ou moins finement selon votre goût.

5 **Parsemez** le cantal râpé sur les tranches de pain et passez-les sous un gril brûlant quelques minutes, le temps de bien faire dorer le fromage.

6 **Versez** la soupe dans les assiettes, répartissez la crème liquide et servez avec les tartines de fromage.

Prenez soin de laver le cresson consciencieusement, de préférence plusieurs fois, avant de l'utiliser.

GASPACHO
et tartines au fromage frais

Pour 4 personnes
Préparation : 15 min
Réfrigération : 1 h

500 g de tomates
60 g de concombre
60 g de piment vert ou poivron vert
1 gousse d'ail hachée
30 g de mie de pain rassis coupé en cubes
3 cl d'huile d'olive + un peu pour le service
1 cl de vinaigre de Xérès
Sel et poivre

Pour servir

80 g de fromage frais type brousse
2 cuil. à soupe de crème fraîche entière épaisse
4 tranches de baguettes toastées
4 tiges de basilic effeuillées

Notes : ....

....

....

1 Coupez une petite partie des légumes (tomates, concombre, piment vert ou poivron) en petits dés, de façon à remplir un petit bol et réservez.

2 Coupez le reste des légumes en gros morceaux et mettez-les dans un saladier.

3 Ajoutez le pain de mie, l'ail, l'huile et le vinaigre, salez, poivrez et mélangez le tout avant de mettre au réfrigérateur pour 1 heure.

4 Mélangez dans un bol la brousse et la crème fraîche et tartinez les tranches de baguettes avec.

5 Ajoutez par-dessus la moitié des légumes coupés en petits dés.

6 Au moment de servir, mixez finement le contenu du saladier. Versez dans les assiettes, répartissez le reste des dés de légumes et arrosez d'un filet d'huile d'olive. Parsemez quelques feuilles de basilic et accompagnez le tout des tartines de fromage.

Vous pouvez **ajouter un peu d'eau** si le gaspacho est trop épais, **mais avec parcimonie**, car il ne doit pas être trop liquide.

MINESTRONE *d'été au pesto et aux pâtes sans gluten*

Pour 4 personnes

Préparation : 15 min

Cuisson : 50 min

150 g de haricots blancs écossés

60 g de pâtes sans gluten

1 pomme de terre coupée en petits cubes

1 carotte coupée en petits cubes

1 tomate coupée en petits cubes

1 courgette coupée en petits cubes

90 g de haricots verts coupés en tronçons

1 gousse d'ail hachée finement

1 oignon coupé en petits cubes

2 feuilles de laurier

90 cl de bouillon de légumes

4 tiges de basilic effeuillées

2 cuil. à soupe de pesto

1 cuil. à soupe d'huile d'olive

Sel et poivre

1 Versez l'huile dans une casserole et faites revenir l'ail, l'oignon et le laurier pendant 5 minutes à feu moyen, en remuant régulièrement.

2 Ajoutez la pomme de terre, la carotte, les haricots blancs et remuez le tout pendant 1 minute avant d'ajouter le bouillon et de poursuivre la cuisson 15 minutes.

3 Ajoutez la tomate, la courgette, les haricots verts et la moitié du basilic, salez, poivrez et laissez cuire 10 minutes supplémentaires.

4 Incorporez les pâtes 5 à 10 minutes avant la fin de la cuisson, selon le temps indiqué sur l'emballage. Vérifiez que les haricots blancs sont bien cuits, dans le cas contraire poursuivez la cuisson quelques minutes.

5 Retirez du feu et ajoutez le pesto, mélangez, servez accompagné des feuilles de basilic restantes.

Pour des saveurs encore plus italiennes,
parsemez ce minestrone de copeaux
de parmesan !

SOUPE
au quinoa et aux légumes verts

Pour 4 personnes

Préparation : 20 min

Cuisson : 15 à 20 min

90 g de quinoa

90 g de petits pois écossés

90 g de fèves fraîches écossées

90 g de haricots verts coupés en tronçons de 2 cm environ

4 oignons nouveaux émincés

120 cl de bouillon de légumes

1 bouquet de basilic à petites feuilles grossièrement hachées

1 cuil. à soupe d'huile d'olive + un peu pour le service

Sel et poivre

1 Faites revenir les oignons dans une casserole à feu moyen, avec l'huile d'olive 5 minutes, en remuant régulièrement.

2 Ajoutez le quinoa, mélangez, puis versez le bouillon et laissez cuire le temps indiqué sur l'emballage, comptez 10 à 15 minutes.

3 Cinq minutes avant la fin de la cuisson du quinoa, ajoutez tous les légumes et la moitié du basilic. Salez et poivrez à votre goût.

4 Servez la soupe dans des bols ou des assiettes creuses, parsemez le basilic restant et versez un trait d'huile d'olive.

Vous pouvez aussi utiliser des légumes surgelés. Dans ce cas, faites-les décongeler avant de les ajouter dans la soupe.

Notes : ....

....

....

SOUPE
tomates, chorizo, pois chiches

Pour 4 personnes

Préparation : 5 min

Cuisson : 20 à 25 min

300 g de tomates concassées

180 g de pois chiches au naturel

120 g de chorizo coupé en demi-tranches

1 gousse d'ail hachée finement

1 oignon haché finement

1/2 cuil. à café de paprika

1 cuil. à café de sucre en poudre

60 cl de bouillon de légumes

2 cuil. à soupe de persil haché pour servir

1 cuil. à soupe d'huile d'olive

Sel et poivre

1 Chauffez dans une casserole l'huile d'olive à feu moyen, puis faites-y revenir l'ail et l'oignon pendant 5 minutes en remuant régulièrement.

2 Ajoutez le chorizo et le paprika, mélangez et laissez revenir 1 minute de plus.

3 Ajoutez les pois chiches, les tomates concassées, le sucre et remuez. Versez le bouillon, salez et poivrez à votre goût et laissez revenir une quinzaine de minutes.

4 Répartissez dans des bols ou des assiettes et parsemez de persil.

*Pour cette **recette**, n'hésitez pas à utiliser du **pimenton**, ce **paprika** fumé d'origine **espagnole** !*

Notes : ....

SOUPE de pois cassés et saucisse de Morteau

Pour 4 personnes

Préparation : 5 min

Cuisson : 50 min

1 saucisse de Morteau coupée en demi-rondelles

2 gousses d'ail hachées finement

1 oignon haché finement

2 feuilles de laurier

250 g de pois cassés

90 cl de bouillon de légumes

4 cuil. à soupe de crème fraîche

1 cuil. à café d'huile de tournesol

Sel et poivre

Notes :

1 Faites revenir dans une casserole l'ail, l'oignon, le laurier et les morceaux de saucisse avec l'huile pendant 5 minutes à feu moyen, en remuant régulièrement.

2 Ajoutez les pois cassés, le bouillon, salez et poivrez, et faites cuire à couvert durant 45 minutes jusqu'à la cuisson complète des pois cassés.

3 Servez et ajoutez la crème fraîche dans les assiettes.

Le temps de cuisson des pois cassés peut être très variable, vérifiez l'indication mentionnée sur l'emballage.

SOUPE de haricots tarbais au lard

Pour 4 personnes

Préparation : 5 min

Trempage : 24 h

Cuisson : de 1 h 10 à 1 h 40

250 g de haricots tarbais

8 tranches de poitrine fumée de 1 cm d'épaisseur environ

1 oignon émincé finement

1 gousse d'ail

4 branches de thym

4 feuilles de laurier

90 cl de bouillon de volaille

Sel et poivre

1 Faites tremper les haricots 24 heures dans l'eau froide en changeant l'eau deux fois.

2 Faites colorer les tranches de poitrine dans une sauteuse, à feu assez vif 1 à 2 minutes de chaque côté.

3 Ajoutez l'oignon, l'ail et les herbes et faites revenir 3 minutes en remuant régulièrement.

4 Ajoutez les haricots et le bouillon, portez à ébullition, baissez le feu et laissez cuire à couvert 1 h à 1 h 30 jusqu'à ce que les haricots soient tendres.

5 Rectifiez en sel si nécessaire et poivrez à votre goût.

Vous pouvez **parfumer** cette soupe en ajoutant quelques **pistils de safran** en même temps que le bouillon.

Notes : ....

SOUPE de lentilles au lard

Pour 4 personnes

Préparation : 5 min

Cuisson : 35 à 40 min

12 tranches de lard fumé très fines

250 g de lentilles

2 gousses d'ail en chemise

2 échalotes émincées finement

2 feuilles de laurier

90 cl de bouillon de légumes

1 tomate coupée en cubes

2 carottes coupées en rondelles

1 cuil. à soupe de persil haché pour servir

Sel et poivre

1 Faites revenir les tranches de lard dans une casserole, à feu assez vif, 3 minutes, en remuant régulièrement.

2 Ajoutez l'ail, les échalotes et le laurier et poursuivez la cuisson à couvert et à feu moyen pendant 5 minutes, toujours en remuant régulièrement.

3 Versez le bouillon, les lentilles, la tomate, les carottes, salez et poivrez et laissez cuire à feu moyen et à couvert 25 à 30 minutes selon le type de lentilles.

4 Servez dans les assiettes et parsemez de persil, dégustez aussitôt.

Vous pouvez également utiliser des lardons plutôt que des tranches de lard.

Notes : ....

....

....

SOUPE de ratatouille aux pâtes

Pour 4 personnes
Préparation : 10 min
Cuisson : 30 min

1 poivron rouge coupé en petits dés

1 aubergine coupée en petits dés

1 courgette coupée en petits dés

4 tomates coupées en petits dés

60 g de petites pâtes de type plomb (petites pâtes rondes)

1 gousse d'ail hachée finement

1 oignon coupé en petits dés

4 tiges de basilic effeuillé

90 cl de bouillon de légumes

1 cuil. à soupe de concentré de tomates

1 cuil. à soupe d'huile d'olive

Sel et poivre

Notes :

1 Faites revenir dans une casserole l'huile, l'ail, l'oignon, la moitié des feuilles de basilic et le poivron pendant 5 minutes, à feu moyen, en remuant régulièrement.

2 Ajoutez l'aubergine, la courgette et les tomates, et laissez cuire à nouveau 5 minutes en remuant.

3 Ajoutez le concentré de tomates, salez, poivrez, mélangez, versez le bouillon et faites cuire 12 minutes à couvert.

4 Ajoutez les pâtes et laissez cuire le temps indiqué sur l'emballage (6 minutes environ).

5 Servez et parsemez du reste des feuilles de basilic.

Vous pouvez remplacer les plombs par d'autres types de petites pâtes ou par des cheveux d'ange. Dans ce cas, pensez à adapter le temps de cuisson.

VELOUTÉ
de potimarron aux ravioles

Pour 4 personnes
Préparation : 5 min
Cuisson : 26 min

600 g de potimarron coupé en dés
90 cl de bouillon de légumes
240 g de ravioles
4 fines tranches de bleu d'Auvergne
1 oignon émincé
3 feuilles de laurier
20 g de beurre
Poivre

1 Laissez fondre le beurre dans une casserole, puis ajoutez l'oignon et le laurier, poivrez et faites cuire 5 minutes en remuant régulièrement.

2 Ajoutez le bouillon de légumes et le potimarron, et laissez cuire à couvert 20 minutes.

3 Retirez les feuilles de laurier, puis passez le tout au mixeur plongeant.

4 Ajoutez les ravioles et laissez cuire encore 1 minute.

5 Répartissez dans les assiettes et déposez une tranche de bleu sur chacune d'elles.

Vous pouvez également choisir d'étaler le fromage sur des tranches de pain de campagne légèrement grillées.

Notes : ....

MINESTRONE
d'automne

Pour 4 personnes

Préparation : 15 min

Cuisson : 35 à 40 min

- 60 g de pâtes torsadées
- 1 pomme de terre coupée en petits dés
- 1 carotte coupée en rondelles
- 150 g de haricots blancs frais
- 1 branche de céleri coupée en tranches
- 1 oignon coupé en petits cubes
- 2 gousses d'ail en chemise coupées en deux
- 2 feuilles de laurier
- 2 branches de thym
- 90 cl de bouillon de légumes
- 2 tomates coupées en cubes
- 4 tiges de basilic effeuillées
- 2 cuil. à soupe d'huile d'olive
- Sel et poivre

Notes : ....

1 Versez l'huile dans une casserole et faites revenir le céleri, l'oignon, l'ail, le laurier et le thym 5 minutes à feu moyen en remuant régulièrement.

2 Ajoutez la pomme de terre, la carotte, les haricots blancs et remuez le tout pendant 1 minute avant d'ajouter le bouillon et de poursuive la cuisson 15 minutes à couvert.

3 Ajoutez les tomates et la moitié du basilic, salez, poivrez et laissez cuire 10 minutes supplémentaires.

4 Incorporez les pâtes 5 à 10 minutes avant la fin de la cuisson, selon le temps indiqué sur l'emballage.

5 Vérifiez que les haricots blancs sont bien cuits, dans le cas contraire poursuivez la cuisson quelques minutes.

6 Parsemez de feuilles de basilic et servez aussitôt.

Vous pouvez utiliser des haricots cuits au naturel, incorporez-les en même temps que les tomates.

SOUPE DE PÂTES
aux légumes verts et au pesto

Pour 4 personnes
Préparation : 15 min
Cuisson : 25 min

150 g de petites pâtes de type collerettes

150 g de haricots verts coupés en petits tronçons

150 g de petits pois écossés

1 petite courgette coupée en quatre dans la longueur, puis en petits tronçons

150 g de fèves écossées

75 cl de bouillon de légumes

Feuilles de basilic pour servir

Sel

Pour le pesto

1 gousse d'ail pelée et grossièrement hachée

1 cuil. à soupe de pignons légèrement dorés

1 douzaine de feuilles de basilic

1 douzaine de feuilles de roquette

1 cuil. à soupe de parmesan râpé

2 cuil. à soupe d'huile d'olive

1 Préparez le pesto. Placez dans un mixeur l'ail, les pignons, le basilic, la roquette et le parmesan et mixez finement. Ajoutez l'huile d'olive et mixez de nouveau jusqu'à obtenir un pesto bien homogène.

2 Faites cuire les pâtes dans le bouillon de légumes, le temps indiqué sur l'emballage.

3 Pendant ce temps, dans une autre casserole d'eau bouillante salée, faites cuire les haricots et les petits pois. Au bout de 2 minutes, ajoutez la courgette. Puis, 2 minutes plus tard, ajoutez les fèves. Les légumes doivent être cuits tout en restant croquants.

4 Égouttez-les rapidement et versez-les dans le bouillon avec les pâtes.

5 Prélevez une louche de bouillon, mélangez-le dans un bol avec le pesto et versez de nouveau dans la casserole. Salez, mélangez bien et remettez 1 minute sur le feu.

6 Versez la soupe dans des bols ou des assiettes creuses et parsemez les feuilles de basilic.

Vous pouvez aussi utiliser de simples coquillettes au lieu des pâtes collerettes.

SOUPE
de raviolis aux épinards

Pour 4 personnes

Préparation : 20 min

Cuisson : 30 min

2 carottes pelées et coupées en rondelles

1 branche de céleri coupée en petits tronçons

1 poireau coupé en tronçons

90 cl de bouillon de légumes

120 g de petites feuilles d'épinards équeutées

250 g de raviolis au fromage

1 cuil. à soupe d'huile d'olive

20 g de parmesan en copeaux

Sel et poivre

Notes : ......

1 Faites revenir dans une casserole les carottes, le céleri et le poireau avec l'huile pendant 5 minutes à feu moyen en remuant régulièrement.

2 Ajoutez le bouillon et faites cuire à couvert 20 minutes. Salez et poivrez.

3 Ajoutez les épinards, mélangez, puis ajoutez les raviolis et laissez cuire le temps indiqué sur l'emballage.

4 Servez dans des bols ou des assiettes et parsemez de parmesan.

*N'hésitez pas à utiliser des **raviolis différents**, notamment des raviolis au jambon pour **changer le goût** de la soupe.*

SOUPE
de fèves et petits pois à l'œuf

Pour 4 personnes

Préparation : 20 min

Cuisson : 25 à 30 min

250 g de fèves écossées

250 g de petits pois frais écossés

4 œufs

4 petits oignons nouveaux émincés finement

1 cœur de laitue haché

2 tiges de menthe effeuillées

90 cl de bouillon de légumes

2 cuil. à soupe de vinaigre

20 g de beurre

Sel et poivre

1 Faites fondre dans une casserole le beurre et laissez revenir les oignons 3 minutes à feu moyen en remuant régulièrement.

2 Ajoutez le cœur de laitue et faites revenir 1 minute supplémentaire, toujours en remuant.

3 Ajoutez les petits pois, la moitié des feuilles de menthe et les fèves, mélangez, salez, poivrez, versez le bouillon par-dessus et laissez cuire 12 minutes à couvert, puis mixez le tout.

4 Cassez 1 œuf dans un bol. Dans une casserole d'eau bouillante, versez le vinaigre ; à l'aide d'une cuillère formez un tourbillon et déposez délicatement l'œuf dans la casserole. Laissez cuire 2 à 3 minutes, sortez l'œuf de l'eau à l'aide d'une écumoire et déposez-le sur un papier absorbant. Faites de même avec les autres œufs.

5 Versez la soupe dans les assiettes, posez 1 œuf par-dessus et parsemez le reste des feuilles de menthe.

*Vous pouvez **remplacer** le traditionnel œuf de poule par **2 œufs de caille** pour une saveur plus fine.*

Notes : ______

DAHL
à l'indienne aux lentilles

Pour 4 personnes
Préparation : 15 min
Cuisson : 30 min

180 g de lentilles corail
2 tomates coupées en cubes
1 piment doux vert
1 piment doux rouge
1 gousse d'ail pelée
1 oignon pelé
1/2 cuil. à café de curcuma
1/2 cuil. à café de cumin
1 cuil. à café de curry en poudre
1 cuil. à café de gingembre frais râpé
60 cl de bouillon de légumes
20 cl de lait de coco + un peu pour le service
20 g de beurre
Sel et poivre

1 Coupez en morceaux les piments, l'ail et l'oignon, puis mixez-les ensemble assez finement.

2 Faites fondre le beurre dans une casserole et laissez revenir le mélange mixé 5 minutes à feu moyen, en remuant régulièrement.

3 Ajoutez les lentilles, les tomates, le curcuma, le cumin, le curry et le gingembre, salez, poivrez, mélangez, puis versez le bouillon et laissez cuire 20 minutes à couvert, jusqu'à ce que les lentilles soient cuites.

4 Versez le lait de coco et prolongez la cuisson de 5 minutes. Servez accompagné d'un trait de lait de coco.

Vous pouvez également réaliser cette soupe en remplaçant la moitié des lentilles par du riz.

Notes : ....

DAHL
à l'indienne aux lentilles et aux épinards

Pour 4 personnes

Préparation : 15 min

Cuisson : 45 min

400 g de tomates coupées en cubes

150 g de lentilles corail

250 g d'épinards préparés

1 gousse d'ail coupée en deux

1 oignon haché grossièrement

1 cuil. à café de gingembre frais râpé

1 piment oiseau haché grossièrement

1/2 cuil. à café de curcuma

1 cuil. à café de garam masala

90 cl de bouillon de légumes

4 œufs

2 cuil. à soupe de vinaigre de cidre

1 cuil. à soupe d'huile de tournesol

Sel et poivre

1 Mettez dans un mixeur l'ail, l'oignon, le gingembre et le piment et mixez le tout assez finement.

2 Chauffez l'huile dans une grande sauteuse, ajoutez le mélange obtenu et faites revenir 5 minutes à feu moyen, en remuant régulièrement.

3 Ajoutez le curcuma, les tomates et le garam masala, poursuivez la cuisson 5 minutes, toujours en remuant.

4 Ajoutez les lentilles et le bouillon de légumes. Salez et poivrez. Faites cuire à couvert encore 20 minutes, jusqu'à ce que les lentilles soient cuites.

5 Ajoutez les épinards, couvrez la sauteuse et faites cuire 5 minutes, puis mélangez.

6 Cassez 1 œuf dans un bol. Dans une casserole d'eau bouillante, versez le vinaigre, à l'aide d'une cuillère, remuez l'eau de façon à former un tourbillon et déposez délicatement l'œuf dans la casserole. Laissez cuire 2 à 3 minutes, sortez l'œuf de l'eau à l'aide d'une écumoire et déposez-le sur un papier absorbant. Faites de même avec les autres œufs.

7 Versez la soupe dans des assiettes creuses quand tous les œufs sont prêts et déposez 1 œuf dans chaque assiette.

Afin de donner un peu de **croustillant** à cette **soupe**, vous pouvez la **parsemer** de graines **de courge** au moment de servir.

SOUPE TURQUE
au riz, lentilles et poivron

Pour 4 personnes

Préparation : 15 min

Cuisson : 25 min

150 g de riz à risotto

150 g de lentilles corail

1 poivron rouge épépiné et coupé en morceaux

1 gousse d'ail pelée et coupée en deux

1 oignon pelé et coupé en morceaux

2 cuil. à soupe de concentré de tomates

1 cuil. à café de paprika

90 cl de bouillon de légumes

1 œuf dur haché

1 cuil. à soupe d'huile d'olive

Sel et poivre

1 Versez le poivron, l'ail et l'oignon dans le bol d'un robot et mixez le tout assez finement.

2 Faites revenir le contenu du mixeur dans une casserole avec l'huile, à feu moyen pendant 5 minutes, en remuant régulièrement.

3 Ajoutez le concentré de tomates, le riz, les lentilles et le paprika, salez et poivrez, mélangez, puis versez le bouillon et faites cuire 20 minutes.

4 Répartissez dans des bols ou des assiettes creuses, puis parsemez d'œuf dur haché.

Vous pouvez également servir l'œuf dur après l'avoir tamisé à travers une passoire fine en appuyant avec le dos d'une cuillère à soupe.

Notes :

SOUPE *vietnamienne au tofu et aux nouilles*

Pour 4 personnes

Préparation : 10 min

Cuisson : 30 min

60 g de nouilles de riz

120 g de tofu coupé en cubes

2 échalotes émincées

2 bâtons de citronnelle coupés en quatre

4 tranches de gingembre frais

2 gousses d'ail finement hachées

2 cuil. à soupe de sauce soja

4 petits choux pok choï coupés en deux

1 petit bol de pousses de soja

1 petit piment rouge (facultatif)

1 cuil. à café d'huile neutre

Poivre

Pour servir

Nuoc-mâm

Une dizaine de 1/2 rondelles de concombre

1 Versez l'huile dans une casserole, et faites revenir les échalotes, la citronnelle, le gingembre et l'ail 5 minutes à feu moyen en remuant régulièrement.

2 Ajoutez 90 cl d'eau, la sauce soja, poivrez et laissez cuire, à couvert, 15 minutes.

3 Ajoutez le chou et faites cuire 5 minutes supplémentaires, puis les nouilles, les pousses de soja, le tofu et le piment, salez et poivrez. Poursuivez la cuisson 3 à 5 minutes selon le temps de cuisson des nouilles.

4 Servez dans des bols ou des assiettes, déposez le concombre en surface.

5 Servez accompagné de nuoc-mâm.

SOUPE de chou vert et pommes de terre à la saucisse

Pour 4 personnes

Préparation : 5 min

Cuisson : 25 min

250 g de pommes de terre coupées en dés

1/2 chou vert coupé en lanières

4 saucisses de Francfort coupées en tronçons de 2 cm environ

90 cl de bouillon de légumes

1 oignon coupé en dés

2 tiges de persil haché

20 g de beurre

Sel et poivre

1 **Faites revenir** dans une sauteuse l'oignon, les pommes de terre et le chou avec le beurre durant 5 minutes à feu moyen en remuant régulièrement.

2 **Ajoutez** le bouillon, salez et poivrez à votre goût, et faites cuire à couvert 15 minutes.

3 **Ajoutez** les morceaux de saucisse et laissez cuire encore 5 minutes.

4 **Versez** la soupe dans des bols ou des assiettes creuses et parsemez le persil juste avant de servir.

Pour une soupe plus onctueuse, ajoutez 20 g de fromage à tartiner type Philadelphia® juste avant de servir.

Notes :

SOUPE *asiatique au canard*

Pour 4 personnes

Préparation : 15 min

Cuisson : 30 min

2 filets de canard

120 g de nouilles soba au sarrasin

120 g de champignons shiitakés

4 cives émincées

10 cl de vin blanc sec

2 cuil. à soupe de sauce soja

70 cl de bouillon de volaille

Poivre

1 Faites cuire les nouilles dans une casserole d'eau bouillante salée selon le temps indiqué sur l'emballage (comptez 5 minutes environ). Égouttez-les, trempez-les dans un saladier d'eau froide, puis égouttez-les de nouveau et réservez.

2 Faites cuire les filets de canard dans une casserole à feu moyen pendant 12 minutes en commençant par le côté peau et en les retournant de temps en temps. Retirez-les de la casserole et videz le surplus de gras.

3 Mettez dans la casserole les champignons et les trois quarts des cives et faites-les revenir 3 minutes.

4 Versez le vin blanc et la sauce soja et poursuivez la cuisson 3 minutes.

5 Versez le bouillon, ajoutez les filets de canard, salez, poivrez et laissez cuire 6 minutes. Retirez les filets et coupez-les en fines tranches.

6 Répartissez les nouilles dans des bols, versez par-dessus le bouillon avec les champignons, puis déposez les tranches de canard. Parsemez la cive restante.

Notes :

Pour une version plus authentique, remplacez le vin blanc par du saké !

SOUPE de tomates aux boulettes de merguez

Pour 4 personnes

Préparation : 15 min

Cuisson : 30 min

600 g de merguez

6 tiges de coriandre hachées

800 g de tomates concassées

4 œufs

1 oignon haché finement

1 gousse d'ail hachée finement

Une douzaine de tomates cerises coupées en quatre

1 cuil. à café de sucre en poudre

3 branches de thym effeuillées

30 cl de bouillon de légumes

2 cuil. à soupe d'huile d'olive

Sel et poivre

1 Enlevez la peau des merguez. Dans un saladier, mélangez la chair des merguez à la coriandre. Formez des boulettes de 30 g environ.

2 Faites revenir dans une sauteuse, à feu vif, l'oignon et l'ail avec l'huile pendant 5 minutes en remuant régulièrement.

3 Ajoutez les boulettes et faites-les dorer 3 minutes de tous côtés.

4 Ajoutez les tomates, le sucre, le thym et le bouillon et mélangez. Salez et poivrez à votre goût et laissez mijoter à couvert et à feu doux pendant 20 minutes.

5 Cassez les œufs dans la sauteuse, en les espaçant, et laissez cuire 3 minutes environ.

6 Servez la soupe dans des bols ou des assiettes creuses, répartissez les boulettes et les œufs délicatement. Terminez en ajoutant les tomates cerises, juste avant de déguster.

Servez cette soupe avec un petit bol de harissa pour que chacun puisse s'en servir à son goût.

Notes :

GARBURE

Pour 4 personnes

Préparation : 10 min

Cuisson : 1 h 05

200 g de haricots frais écossés

1 talon de jambon cru de 200 g environ coupé en morceaux

1 poireau coupé en tranches

2 carottes coupées en rondelles

250 g de pommes de terre coupées en gros dés

1/2 chou pointu coupé en lanières

1 gousse d'ail finement émincée

1 oignon coupé en dés

1/4 cuil. à café de piment d'Espelette

120 cl de bouillon de volaille

1 cuil. à soupe de graisse de canard

4 tiges de persil haché

Sel et poivre

1 Faites revenir dans une casserole l'ail et l'oignon dans la graisse de canard durant 5 minutes en remuant régulièrement.

2 Ajoutez les haricots, le talon de jambon et le piment, couvrez avec le bouillon et laissez cuire 30 minutes à couvert, à feu moyen.

3 Ajoutez le poireau, les carottes et les pommes de terre et poursuivez la cuisson 15 minutes, puis incorporez le chou, salez et poivrez et prolongez de 15 minutes supplémentaires.

4 Servez la soupe et terminez en parsemant le persil juste avant de servir.

*Si vous avez un **morceau d'os de jambon**, ajoutez-le **dans la soupe** en même temps que le jambon, elle n'en sera que **meilleure** !*

SOUPE de potimarron et chips de pancetta

Pour 4 personnes

Préparation : 15 min

Cuisson : 40 min

500 g de chair de potimarron coupée en cubes

16 tranches de pancetta

1 oignon coupé en cubes

1 gousse d'ail hachée grossièrement

25 g de beurre

10 cl de crème liquide

1 cuil. à soupe de graines de courge

Sel et poivre

1 **Préchauffez le four** à 180 °C (th. 6).

2 **Posez** les tranches de pancetta entre deux feuilles de papier cuisson sur une plaque de four et recouvrez-les d'une seconde plaque. Enfournez pour 10 minutes.

3 **Pendant ce temps,** dans une casserole, à feu moyen et à couvert, faites revenir le potimarron, l'oignon et l'ail avec le beurre pendant 10 minutes, en remuant régulièrement.

4 **Ajoutez 60 cl d'eau,** salez et poivrez, couvrez et laissez cuire 20 minutes à couvert.

5 **Versez** la crème et mixez au robot plongeant.

6 **Répartissez** dans des bols ou des assiettes creuses et déposez les chips de pancetta et les graines de courge sur la soupe.

Notes : ....

Vous pouvez utiliser d'autres types de courge, comme le butternut ou le giraumon.

Pour 4 personnes

Préparation : 10 min

Cuisson : 25 à 30 min

500 g de petits pois surgelés

4 tranches de jambon Rostello roulées et coupées en tronçons

4 oignons nouveaux émincés finement

20 g de beurre

60 cl de bouillon de légumes

2 tiges de menthe effeuillées

Sel et poivre

Notes :

SOUPE de petits pois et jambon

1 Faites revenir dans une casserole les trois quarts des oignons avec le beurre pendant 5 minutes à feu moyen, en remuant régulièrement.

2 Versez le bouillon et portez à ébullition. Ajoutez les petits pois, salez et poivrez à votre goût, baissez le feu et laissez cuire 20 minutes à couvert.

3 Ajoutez les trois quarts des feuilles de menthe et mixez finement.

4 Servez dans des bols ou des assiettes et répartissez le jambon, les feuilles de menthe et les oignons restants par-dessus.

Le Rostello se prête particulièrement bien à cette recette, mais vous pouvez le remplacer par du jambon de Paris.

VELOUTÉ de chou-fleur aux lardons

Pour 4 personnes
Préparation : 20 min
Cuisson : 30 min

500 g de chou-fleur coupé en morceaux

2 tranches de poitrine fumée de 1 cm d'épaisseur environ, coupées en lardons

4 oignons nouveaux émincés

3 pincées de cumin en poudre

40 cl de bouillon de légumes

30 cl de lait

20 cl de crème liquide entière

Sel et poivre

1 Faites dorer les lardons à feu vif dans une casserole pendant 3 minutes, puis réservez-les.

2 Baissez le feu et versez dans la casserole les trois quarts des oignons nouveaux. Faites-les revenir 5 minutes en remuant régulièrement.

3 Ajoutez le chou-fleur et le cumin, remuez. Versez le bouillon et le lait, puis laissez cuire à couvert une vingtaine de minutes.

4 Mixez au robot plongeant.

5 Versez la crème, salez et poivrez à votre goût. Répartissez le velouté, puis les lardons dans des bols ou des assiettes creuses. Parsemez l'oignon nouveau restant.

Vous pouvez remplacer les lardons par du saumon fumé coupé en dés. Dans ce cas, ajoutez-le juste à la fin sur la soupe.

Notes :

SOUPE de choux de Bruxelles à la poitrine fumée

Pour 4 personnes

Préparation : 15 min

Cuisson : 25 min

300 g de choux de Bruxelles

300 g de pommes de terre coupées en cubes

120 g de poitrine fumée en tranches très fines

6 oignons nouveaux coupés en deux

4 tiges de thym

90 cl de bouillon de légumes

Sel et poivre

1 Faites revenir à feu moyen dans une casserole les oignons, les tiges de thym et la poitrine fumée pendant 5 minutes, en remuant régulièrement.

2 Ajoutez les pommes de terre et laissez cuire à couvert 5 minutes.

3 Ajoutez les choux de Bruxelles, le bouillon, salez, poivrez et poursuivez la cuisson 15 minutes, toujours à couvert, puis servez aussitôt.

*Si vous souhaitez **renforcer** le goût du **bouillon**, vous pouvez y **délayer** 1 cuillerée à soupe de **moutarde**.*

Notes : ....

SOUPE
paysanne au bœuf

Pour 4 personnes

Préparation : 15 min

Cuisson : 25 min

300 g de filet de bœuf coupé en tranches très fines

500 g de pommes de terre coupées en petits dés

200 g de champignons de Paris émincés finement

50 cl de bouillon de bœuf

1 oignon émincé finement

1 gousse d'ail émincée finement

1 cuil. à soupe de jus de citron

1 cuil. à café de paprika

20 g de beurre

Sel et poivre

Pour servir

10 cl de crème liquide

1 cuil. à soupe de persil haché

1 **Dans une casserole,** à feu moyen, faites cuire 10 minutes les dés de pomme de terre avec le bouillon.

2 **Pendant ce temps,** faites revenir 10 minutes l'oignon et l'ail avec la moitié du beurre dans une sauteuse, à feu moyen, en remuant régulièrement.

3 **Ajoutez** les champignons et laissez cuire encore 2 minutes, puis versez le contenu de la sauteuse dans la casserole avec le bouillon.

4 **Faites alors fondre** le beurre restant dans la sauteuse à feu vif et laissez dorer les lanières de bœuf, durant 3 minutes en remuant régulièrement. Ajoutez le jus de citron et le paprika et mélangez.

5 **Déposez** le bœuf dans la casserole, salez, poivrez et mélangez.

6 **Répartissez** dans des bols ou des assiettes, versez la crème liquide et parsemez le persil.

*Vous pouvez **remplacer** les **champignons** de **Paris** par un mélange de **champignons**.*

Notes : ....

SOUPE de champignons au poulet

Pour 4 personnes

Préparation : 15 min

Cuisson : 35 min

2 blancs de poulet (350 g environ)

450 g de champignons mélangés (champignons de Paris, girolles, cèpes, pleurotes...) hachés grossièrement

1 poireau émincé finement

1 branche de céleri émincée finement

4 oignons nouveaux émincés

70 cl de bouillon de volaille

20 cl de crème liquide

20 g de beurre

Sel et poivre

1 Faites fondre le beurre dans une casserole et laissez revenir les blancs de poulet à couvert pendant 12 minutes, en les retournant régulièrement.

2 Déposez les blancs de poulet sur une feuille de papier de cuisson, salez, poivrez, refermez le papier par-dessus et réservez.

3 Mettez, dans la même casserole, le poireau, le céleri et les trois quarts des oignons. Laissez cuire 5 minutes à feu moyen en remuant régulièrement.

4 Ajoutez les champignons et laissez cuire à nouveau 5 minutes.

5 Versez le bouillon et laissez cuire 12 minutes, à couvert.

6 Ajoutez la crème, puis mixez grossièrement.

7 Versez la soupe dans des assiettes creuses. Découpez le poulet en tranches fines et répartissez-le dans les assiettes de soupe, puis parsemez le reste des oignons.

Notes :

Vous pouvez donner un côté japonais à cette soupe en utilisant des shiitakés pour remplacer la moitié des champignons et en ajoutant 1 cuillerée à soupe de sauce soja au bouillon. Dans ce cas, ne mettez pas de sel, car la sauce soja est salée.

SOUPE de poulet aux langues d'oiseau

Pour 4 personnes

Préparation : 10 min

Cuisson : 35 min

2 blancs de poulet

250 g de haricots blancs au naturel

90 g de pâtes langues d'oiseau

1 carotte coupée en demi-rondelles

1 branche de céleri hachée

1 oignon haché finement

1 gousse d'ail en chemise coupée en deux

120 cl de bouillon de volaille

4 tiges de persil effeuillées

20 g de beurre

Sel et poivre

1 Faites fondre le beurre dans une casserole et laissez revenir les blancs de poulet à couvert à feu moyen pendant 12 minutes, en les retournant régulièrement.

2 Déposez les blancs de poulet sur une feuille de papier cuisson, salez, poivrez, refermez le papier par-dessus et réservez.

3 Mettez dans la même casserole la carotte, le céleri, l'oignon, l'ail et laissez cuire 5 minutes à feu moyen en remuant régulièrement.

4 Ajoutez le bouillon et poursuivez la cuisson 12 minutes à feu assez vif.

5 Ajoutez les haricots et les pâtes et faites cuire le temps indiqué sur l'emballage, comptez environ 6 minutes.

6 Servez dans des assiettes creuses, découpez le poulet en lanières, déposez-les par-dessus et parsemez les feuilles de persil.

Vous pouvez **remplacer** les **haricots** par des **pommes de terre** coupées en dés que vous **incorporez** en même temps que le **bouillon**.

Notes : ....

....

....

WATEZOOÏ *de poulet*

Pour 4 personnes

Préparation : 10 min

Cuisson : 45 à 50 min

2 cuisses de poulet coupées en deux

2 blancs de poireau en tranches

2 carottes coupées en demi-rondelles

2 côtes de céleri coupées en tranches

2 oignons coupés en cubes

2 tiges d'estragon effeuillées

90 cl de bouillon de volaille

2 jaunes d'œufs

20 cl de crème fraîche

Le jus de 1/2 citron

20 g de beurre

Sel et poivre

Notes :

1 **Faites revenir** le poulet dans une grande casserole avec le beurre pendant 12 minutes à feu moyen, en le retournant régulièrement, puis réservez-le.

2 **Ajoutez** les poireaux, les carottes, le céleri, les oignons et l'estragon (réservez quelques feuilles pour le décor), salez, poivrez et laissez cuire 5 minutes, en remuant régulièrement.

3 **Remettez** le poulet dans la casserole, versez le bouillon et laissez cuire 25 minutes à feu assez vif, à couvert et en remuant de temps à autre.

4 **Mélangez** dans un bol les jaunes d'œufs, la crème fraîche et le jus de citron.

5 **Retirez** la casserole du feu, et incorporez-y les œufs à la crème. Remettez sur le feu et laissez cuire 5 minutes.

6 **Parsemez** de quelques feuilles d'estragon et servez aussitôt.

Cette recette d'origine belge peut se préparer avec du poulet, mais aussi avec des poissons blancs.

SOUPE bolognaise

Pour 4 personnes

Préparation : 10 min

Cuisson : 25 à 30 min

300 g de tomates concassées

120 g de viande hachée

60 g de coquillettes

1 carotte pelée et coupée en tranches

1 oignon pelé et coupé en quatre

1 branche de céleri coupée en morceaux

1 gousse d'ail coupée en deux

4 tiges de basilic effeuillées

60 cl de bouillon de bœuf

1 cuil. à soupe d'huile d'olive

Sel et poivre

Notes :

1 Placez dans un mixeur la carotte, l'oignon, le céleri, l'ail et la moitié du basilic et hachez assez finement le tout.

2 Faites chauffer l'huile d'olive dans une casserole à feu moyen et laissez revenir le hachis de légumes 3 minutes en remuant régulièrement.

3 Ajoutez la viande grossièrement émiettée. Faites revenir encore 3 minutes.

4 Versez les tomates concassées et le bouillon, salez et poivrez à votre goût et laissez cuire une douzaine de minutes.

5 Ajoutez enfin les coquillettes et laissez cuire le temps indiqué sur l'emballage, comptez une dizaine de minutes.

6 Parsemez les feuilles de basilic restantes au moment de servir.

Vous pouvez, bien sûr, utiliser d'autres pâtes pour cette soupe, néanmoins, préférez les pâtes de petite taille !

BORTSCH

Pour 4 personnes

Préparation : 15 min

Cuisson : 45 min

300 g de bœuf à mijoter coupé en dés de 2 cm

150 g de betterave crue râpée grossièrement

200 g de chou rouge émincé

2 grosses pommes de terre coupées en dés

1 carotte coupée en rondelles

1 oignon coupé en cubes

2 feuilles de laurier

15 g de beurre

4 tomates coupées en dés

120 cl de bouillon de bœuf

20 cl de vin rouge

1 cuil. à soupe de fromage blanc

1 cuil. à café de jus de citron

4 tiges d'aneth effeuillées

Sel et poivre

1 **Faites revenir** l'oignon, le laurier et la viande dans une casserole dans le beurre fondu pendant 5 minutes à feu moyen en remuant régulièrement.

2 **Ajoutez** les pommes de terre, la carotte, les tomates et la betterave, le bouillon et le vin, salez et poivrez et laissez cuire à couvert 30 minutes, à feu moyen.

3 **Ajoutez** le chou, mélangez bien et laissez cuire encore 10 minutes.

4 **Mélangez** dans un bol le fromage blanc et le jus de citron.

5 **Servez** la soupe dans des bols ou des assiettes creuses, parsemez d'aneth et laissez chacun se servir la sauce citronnée à son goût.

Si vous souhaitez une soupe un peu moins corsée, remplacez le vin rouge par un vin blanc sec !

CHOWDER
au bacon, pommes de terre et maïs

Pour 4 personnes

Préparation : 10 min

Cuisson : 26 min

120 g de tranches de bacon coupées en lanières

600 g de pommes de terre pelées et coupées en morceaux

2 oignons nouveaux émincés

100 g de maïs au naturel

30 g de crottin de Chavignol assez frais, coupé en petits morceaux

90 cl de bouillon de volaille

20 cl de crème liquide

Poivre

1 **Faites revenir** le bacon et les trois quarts de l'oignon dans une casserole à feu moyen pendant 5 minutes, à couvert, en remuant régulièrement.

2 **Ajoutez** les pommes de terre et poursuivez la cuisson 5 minutes de plus.

3 **Versez** le bouillon et poursuivez la cuisson 12 minutes.

4 **Ajoutez** le maïs et le crottin, poivrez, mélangez et prolongez la cuisson 3 minutes.

5 **Versez** la crème, mélangez, et laissez cuire encore 1 minute.

6 **Répartissez** dans des bols ou des assiettes creuses et parsemez l'oignon restant.

Vous pouvez accompagner ce chowder de tartines de pain grillées avec le fromage de chèvre restant.

Notes :

SOUPE
asiatique au porc et vermicelles de riz

Pour 4 personnes
Préparation : 25 min
Réfrigération : 4 h
Cuisson : 45 min

500 g de filet mignon
100 g de vermicelles de riz
4 cives émincées finement + 1 pour dresser
90 cl de bouillon de volaille
1 cuil. à soupe de nuoc-mâm
1 cuil. à soupe d'huile de colza
Poivre

Pour la marinade

3 cuil. à soupe de ketchup
3 cuil. à soupe de sauce hoisin
1 cuil. à café de pâte de piment
1 gousse d'ail écrasée
1 cuil. à café de gingembre frais râpé

Pour servir

2 cuil. à soupe de cacahuètes hachées
4 tiges de coriandre
2 petits piments hachés finement (facultatif)

1 Mélangez le ketchup dans un bol, ajoutez la sauce hoisin, la pâte de piment, l'ail et le gingembre, poivrez. Prélevez 2 cuillerées à soupe de ce mélange et placez-le au réfrigérateur.

2 Recouvrez le filet mignon de cette marinade, puis roulez-le dans un film alimentaire bien serré et placez-le pour 4 heures au réfrigérateur.

3 Préchauffez le four à 180 °C (th. 6). Déballez le filet mignon et placez-le sur une grille au-dessus d'une lèchefrite et enfournez pour 40 minutes.

4 Versez l'huile dans une casserole, et faites revenir les cives 1 minute en remuant. Ajoutez la marinade réservée, mélangez, puis ajoutez le bouillon, les vermicelles et le nuoc-mâm et faites cuire 5 minutes à feu moyen.

5 Servez ce bouillon dans des bols, coupez le filet mignon en tranches et dressez-le dans les soupes, parsemez les cacahuètes, les feuilles de coriandre, la cive émincée et du piment si vous le souhaitez.

La sauce hoisin est vendue dans les épiceries asiatiques et dans les rayons exotiques des supermarchés.

SOUPE
de patates douces aux saucisses thaïes

Pour 4 personnes

Préparation : 20 min

Cuisson : 35 min

2 patates douces coupées en cubes

4 saucisses thaïes

1 oignon coupé en cubes

1 gousse d'ail hachée

4 tiges de citronnelle coupées en quatre

1 cuil. à soupe de pâte de curry orange

60 cl de bouillon de légumes

20 cl de lait de coco + un peu pour le décor

1 cuil. à soupe de nuoc-mâm

1 cuil. à soupe d'huile de tournesol

Sel et poivre

Pour servir

2 tiges de menthe effeuillées

4 tiges de coriandre

1 cuil. à café d'huile de sésame

1 **Versez** l'huile de tournesol dans une casserole et faites colorer les saucisses thaïes durant 5 minutes à feu moyen, en remuant régulièrement, puis réservez-les.

2 **Faites revenir** l'oignon, l'ail, la citronnelle dans la même casserole durant 5 minutes, toujours en remuant régulièrement.

3 **Ajoutez** les patates douces et laissez cuire à nouveau 5 minutes.

4 **Ajoutez** la pâte de curry, mélangez, salez, poivrez, versez le bouillon, ajoutez les saucisses et faites cuire durant 12 minutes à couvert.

5 **Retirez** les saucisses et les tronçons de citronnelle, ajoutez le lait de coco et le nuoc-mâm et poursuivez la cuisson 5 minutes, puis mixez finement l'ensemble.

6 **Coupez** les saucisses en tronçons.

7 **Versez** la soupe dans les assiettes creuses avec les morceaux de saucisse thaïe, parsemez les feuilles de menthe et de coriandre, versez quelques gouttes d'huile de sésame et éventuellement un trait de lait de coco.

Vous pouvez remplacer
la patate douce par du potiron
ou d'autres sortes de courges.

SOUPE asiatique aux boulettes

Pour 4 personnes

Préparation : 20 min

Cuisson : 30 min

500 g de chair à saucisse

200 g de crevettes crues décortiquées

1 bol de chou chinois coupé en lanières de 1 cm environ

120 g de tagliatelles de riz ou nouilles plates chinoises

1 cuil. à soupe de ciboulette hachée

1 gousse d'ail hachée

1 cuil. à café de gingembre frais râpé

1 cuil. à soupe de sauce soja

1 cuil. à café de Maïzena®

90 cl de bouillon de volaille

4 oignons nouveaux finement émincés

1/4 cuil. à café de cinq-épices

1 cuil. à soupe d'huile

1 **Mettez** les crevettes, la ciboulette, l'ail, le gingembre dans le bol d'un robot et mixez finement.

2 **Déposez** cette préparation dans un saladier, ajoutez la chair à saucisse, la sauce soja, la Maïzena®, les cinq-épices et mélangez. Formez des boulettes de 25 g environ.

3 **Versez** l'huile dans une casserole à feu assez vif et faites revenir les boulettes 5 minutes en remuant très régulièrement, puis réservez-les.

4 **Dans la même casserole,** faites revenir le chou et les oignons pendant 5 minutes, en remuant régulièrement.

5 **Ajoutez** le bouillon, l'ensemble des boulettes et laissez cuire 12 minutes.

6 **Faites cuire** les nouilles dans une autre casserole selon les indications portées sur l'emballage, égouttez-les et ajoutez-les dans la casserole avec les boulettes.

7 **Laissez cuire** ensemble 1 minute et servez aussitôt.

*Pour des **sensations** plus **corsées**, vous pouvez ajouter aux **boulettes** un petit **piment** émincé finement en même temps que le **gingembre**.*

SOUPE
chili con carne

Pour 4 personnes

Préparation : 10 min

Cuisson : 40 min

400 g de bœuf haché

400 g de haricots rouges

400 g de tomates concassées

3 branches de coriandre effeuillées + 1 pour servir

1/2 cuil. à café de paprika

1/2 oignon haché finement

1/2 poivron coupé en petits cubes

3 branches d'origan effeuillées

1 petit piment haché finement ou 1/2 cuil. à café de Tabasco®

90 cl de bouillon de bœuf

4 cuil. à soupe de maïs en grain au naturel

1 cuil. à soupe d'huile de tournesol

Sel

Pour servir

4 cuil. à soupe de crème liquide entière

4 cuil. à soupe de fromage râpé

1 **Mélangez** la viande hachée, la coriandre et le paprika et faites une douzaine de boulettes.

2 **Versez** l'huile dans une sauteuse, et faites revenir l'oignon, le poivron, l'origan et le piment pendant 5 minutes à feu moyen en remuant régulièrement.

3 **Ajoutez** les boulettes et faites cuire l'ensemble pendant 3 minutes en remuant régulièrement.

4 **Versez** le bouillon de bœuf, les tomates, les haricots rouges, le maïs, salez à votre goût et laissez cuire 30 minutes.

5 **Écrasez** une partie des haricots à l'aide d'une fourchette, pour épaissir un peu la soupe, plus ou moins selon votre goût.

6 **Servez** la soupe dans des bols, puis ajoutez dans chacun 1 cuillerée de crème, le fromage râpé et saupoudrez de quelques feuilles de coriandre.

*Vous pouvez **remplacer** la **coriandre** par du **persil** plat.*

SOUPE
marocaine agneau, dattes et abricots

Pour 4 personnes

Préparation : 15 min

Cuisson : 56 min

500 g de gigot d'agneau coupé en dés de 2 cm environ

6 dattes séchées

6 abricots secs dénoyautés

400 g de tomates coupées en dés

250 g de pois chiches égouttés

90 cl de bouillon de légumes

2 oignons émincés finement

2 gousses d'ail passées au presse-ail

2 feuilles de laurier

1 cuil. à soupe de persil plat haché + un peu pour la présentation

1 cuil. à café de ras el-hanout

1 cuil. à soupe d'huile d'olive

Sel et poivre

Notes :

1 **Versez** l'huile dans une casserole et faites revenir les oignons et la viande durant 5 minutes à feu moyen en remuant régulièrement.

2 **Ajoutez** l'ail, le laurier, le persil et le ras el-hanout, salez, poivrez et laissez cuire 1 minute en remuant.

3 **Mettez** les tomates, le bouillon et laissez cuire 30 minutes à feu moyen.

4 **Ajoutez** les dattes, les pois chiches et les abricots et prolongez la cuisson de 20 minutes.

5 **Saupoudrez** du reste de persil plat et dégustez.

Vous pouvez utiliser d'autres fruits secs, à la place, ou en plus, de ceux proposés ici, comme des figues ou des raisins secs.

SOUPE *italienne aux boulettes*

Pour 4 personnes
Préparation : 20 min
Cuisson : 40 min

60 g de coquillettes
400 g de tomates concassées
1 poivron rouge coupé en dés
1 gousse d'ail hachée grossièrement
1 oignon moyen coupé en dés
60 cl de bouillon de volaille
1 cuil. à soupe d'huile d'olive
4 tiges de basilic effeuillées
Sel et poivre

Pour les boulettes

300 g de viande de bœuf hachée
1/2 oignon
2 tranches de pain de mie sans croûte
1/2 cuil. à café d'origan frais
1 cuil. à soupe d'huile d'olive

Notes : ....

1 **Préparez** les boulettes. Mixez l'oignon coupé en morceaux assez finement, ajoutez le pain de mie grossièrement coupé, mixez de nouveau le tout, puis versez dans un saladier.

2 **Ajoutez** la viande, l'origan et l'huile d'olive, remuez jusqu'à obtenir un mélange homogène, formez des boulettes de 20 g environ et réservez.

3 **Versez** l'huile dans une sauteuse et faites revenir l'ail, l'oignon et le poivron durant 5 minutes en remuant régulièrement.

4 **Ajoutez** les tomates, salez, poivrez et poursuivez la cuisson 5 minutes.

5 **Versez** le bouillon, laissez cuire 20 minutes, puis mixez grossièrement.

6 **Ajoutez** les coquillettes et les boulettes et poursuivez la cuisson 10 minutes.

7 **Parsemez** les feuilles de basilic sur la soupe juste avant de déguster.

Relevez ces boulettes en ajoutant quelques pincées de piment d'Espelette en même temps que l'origan.

SOUPE
marocaine au poulet

Pour 4 personnes

Préparation : 10 min

Cuisson : 40 min

2 belles cuisses de poulet coupées en deux

1 oignon haché finement

1 tige de céleri coupé en tranches

1 carotte coupée en rondelles

1 poireau coupé en tronçons de 1 cm

4 cuil. à soupe de raisins secs

1 cuil. à café de ras el-hanout

1 cuil. à soupe de miel

90 cl de bouillon de volaille

1 cuil. à soupe de jus de citron

60 g de riz

1 citron coupé en quartiers

1 cuil. à soupe d'huile d'olive

Sel et poivre

Notes : ....

1 **Faites revenir** les morceaux de poulet à feu moyen dans une casserole avec l'huile pendant 12 minutes, à couvert, en les retournant régulièrement, puis réservez-les.

2 **Mettez** l'oignon, le céleri, la carotte et le poireau dans la casserole, salez, poivrez et faites revenir 5 minutes, à feu moyen, en remuant régulièrement.

3 **Ajoutez** les raisins, le ras el-hanout et le miel, mélangez, puis ajoutez le poulet, le bouillon et le jus de citron. Laissez cuire 12 minutes à couvert.

4 **Versez** le riz et laissez cuire 12 minutes environ jusqu'à ce que le riz soit cuit.

5 **Servez** accompagné des quartiers de citron.

Vous pouvez servir avec un peu de harissa que chacun ajoutera selon son goût dans le bouillon.

SOUPE GRECQUE
au poulet, citron, riz et œuf

Pour 4 personnes

Préparation : 10 min

Cuisson : 30 min

2 blancs de poulet (350 g environ)

120 g de riz à risotto

120 cl de bouillon de volaille

4 tiges de thym

4 feuilles de laurier

4 tiges de persil haché finement

3 œufs battus

1 cuil. à soupe de jus de citron

Sel et poivre

1 **Portez** le bouillon à ébullition dans une casserole.

2 **Ajoutez** le poulet et les herbes, et laissez cuire 5 minutes en écumant régulièrement.

3 **Ajoutez** le riz et laissez cuire le temps indiqué sur l'emballage, comptez 20 minutes environ.

4 **Effilochez** le poulet à l'aide de deux fourchettes. Versez les œufs battus en mélangeant bien, hors du feu. Salez et poivrez à votre goût.

5 **Versez** le jus de citron juste avant de servir.

Vous pouvez préparer cette soupe à l'avance. Dans ce cas, n'ajoutez les œufs battus que lorsque vous la réchaufferez.

Notes : ....

HARIRA

Pour 4 personnes

Préparation : 15 min

Cuisson : 45 min

300 g de viande d'agneau coupée en cubes

300 g de pois chiches cuits

60 g de lentilles

4 tiges de persil hachées grossièrement + 4 pour servir

4 tiges de coriandre hachées grossièrement + 4 pour servir

2 branches de céleri en fines tranches

2 oignons coupés en cubes

2 à 3 pincées de piment de Cayenne

1 cuil. à café de gingembre moulu

1 cuil. à café de cannelle moulue

2 grosses tomates coupées en cubes

120 cl de bouillon de volaille

1 cuil. à soupe de concentré de tomates

1/2 cuil. à soupe de farine

30 g de vermicelles

2 citrons coupés en quartiers

1 cuil. à soupe d'huile d'olive

Sel

1 Faites revenir l'agneau dans une sauteuse avec l'huile d'olive 3 minutes à feu moyen, en remuant régulièrement. Ajoutez le persil, la coriandre, le céleri et les oignons, salez et laissez cuire 5 minutes à couvert, toujours en remuant.

2 Ajoutez le piment, le gingembre, la cannelle, les tomates et les lentilles, remuez, versez le bouillon et le concentré de tomates et laissez cuire 30 minutes, toujours à couvert.

3 Incorporez les pois chiches et prolongez la cuisson de 5 minutes.

4 Dans un bol, versez un peu du bouillon et délayez-y la farine. Reversez dans la casserole, puis ajoutez les vermicelles et laissez cuire 3 minutes supplémentaires.

5 Servez dans des bols ou des assiettes creuses, accompagné de quartiers de citron, de persil et de coriandre.

Pour une version pimentée, servez la harira avec un peu de harissa que chacun diluera à son goût dans le bouillon.

SOUPE paysanne à l'irlandaise

Pour 4 personnes

Préparation : 10 min

Cuisson : 30 min

400 de gigot en petits cubes

600 g de pommes de terre coupées en petits cubes

4 carottes coupées en petits cubes

4 petits navets coupés en petits quartiers

1 oignon haché finement

2 branches de céleri coupées en fines tranches

1 gousse d'ail écrasée

4 feuilles de laurier

90 cl de bouillon de légumes

2 cuil. à soupe de persil haché pour servir

1 cuil. à soupe d'huile de tournesol

Sel et poivre

Notes : ....

1 **Versez** l'huile dans une sauteuse et faites revenir l'oignon, le céleri, l'ail et le laurier 5 minutes à feu moyen en remuant régulièrement.

2 **Ajoutez** la viande et faites-la colorer 3 minutes en remuant.

3 **Incorporez** le bouillon, les pommes de terre, les carottes et les navets, salez, poivrez et faites cuire l'ensemble pendant 20 minutes.

4 **Versez** dans des bols, saupoudrez de persil et servez aussitôt.

Vous pouvez ajouter 4 cuillerées à soupe d'orge perlé en même temps que les légumes.

PHO
au bœuf

Pour 4 personnes

Préparation : 10 min

Cuisson : 25 min

240 g de filet de bœuf émincé très finement

90 g de nouilles de riz sèches

60 g de germes de soja

1/2 oignon coupé en quatre

2 clous de girofle

2 étoiles de badiane

4 tranches de gingembre

120 cl de bouillon de bœuf

2 tiges de ciboule émincées finement

4 tiges de coriandre effeuillées

1 citron vert

1 petit piment émincé finement

1 cuil. à café d'huile de colza

Sel

Notes : ....

1 **Dans une casserole,** faites revenir l'oignon piqué avec les clous de girofle, la badiane et le gingembre avec l'huile durant 3 minutes à feu moyen en remuant régulièrement.

2 **Ajoutez** le bouillon, salez et portez à ébullition, puis faites cuire à petits bouillons durant 12 minutes.

3 **Versez** les nouilles de riz et faites-les cuire selon les indications portées sur l'emballage (5 minutes environ). Mettez les germes de soja et remuez le tout pendant 1 minute. Ajoutez la viande et remuez encore pendant 1 minute.

4 **Répartissez** dans des bols, parsemez la ciboule, les feuilles de coriandre et le piment, puis arrosez d'un trait de jus de citron vert.

Si vous souhaitez une viande un peu plus cuite, ajoutez-la dans la soupe en même temps que les nouilles.

SOUPE
comme un goulasch

Pour 4 personnes

Préparation : 10 min

Cuisson : 55 min

250 g de bœuf à mijoter coupé en cubes de 2 cm environ

4 pommes de terre coupées en gros dés

2 carottes coupées en rondelles

1 poivron rouge coupé en gros dés

2 tomates coupées en gros dés

1 gousse d'ail émincée finement

1 oignon émincé finement

1 cuil. à café de paprika

2 cuil. à soupe de concentré de tomates

20 cl de vin rouge

70 cl de bouillon de bœuf

4 tiges de persil effeuillées

20 g de beurre

Sel et poivre

1 **Dans une casserole,** faites revenir dans le beurre, à feu assez vif, la viande, l'ail et l'oignon pendant 5 minutes en remuant régulièrement.

2 **Ajoutez** le paprika, les carottes, le poivron, les tomates et le concentré de tomates, salez, poivrez, remuez, puis versez le vin et le bouillon de bœuf. Laissez cuire à feu moyen durant 30 minutes, à couvert.

3 **Ajoutez** les pommes de terre et poursuivez la cuisson 20 minutes.

4 **Servez** et parsemez le persil juste avant de déguster.

*Vous pouvez **parfumer** votre goulasch en ajoutant 1/4 de cuillerée à café de **cumin en grains** en même temps que le **paprika**.*

SOUPE de saumon, pommes de terre et aneth

Pour 4 personnes

Préparation : 10 min

Cuisson : 30 min

300 g de filet de saumon coupé en gros cubes

400 g de pommes de terre coupées en cubes

1/2 oignon

50 cl de bouillon de légumes

20 cl de vin blanc

15 cl de crème liquide

20 g de beurre

Sel et poivre

Pour servir

1 cuil. à soupe d'aneth haché

1/2 cuil. à café de baies roses

Notes :

1 Faites revenir l'oignon, dans une casserole à feu moyen, sans le colorer, dans le beurre 5 minutes en remuant régulièrement.

2 Ajoutez le bouillon, le vin et les pommes de terre. Salez et poivrez. Portez à ébullition, puis baissez le feu et laissez cuire 15 minutes.

3 Ajoutez les cubes de saumon, couvrez et laissez cuire 3 minutes.

4 Versez enfin la crème, mélangez et laissez sur le feu 1 minute.

5 Répartissez dans des bols ou des assiettes creuses et parsemez l'aneth et les baies roses.

*Vous pouvez également réaliser cette soupe avec du **poisson blanc**, tel du **cabillaud**, coupé en cubes **à la place du saumon**.*

GASPACHO
manchego (au poisson)

Pour 4 personnes

Préparation : 15 min

Cuisson : 25 min

300 g de cabillaud coupé en gros morceaux

500 g de tomates coupées en petits dés

1/2 poivron rouge coupé en petits dés

1/2 oignon coupé en tout petits dés

1 gousse d'ail

2 feuilles de laurier

1 pincée de safran

30 g de crackers grossièrement émiettés

1 cuil. à café de fumet de poisson

4 tiges de persil haché

1 cuil. à soupe d'huile d'olive

Sel et poivre

Notes : ....

....

....

1 Dans une poêle à feu assez vif, faites dorer rapidement le cabillaud avec l'huile d'olive, comptez environ 3 minutes en le retournant régulièrement, salez, retirez-le de la poêle et réservez.

2 Faites revenir le poivron, l'oignon, l'ail et les feuilles de laurier 5 minutes, en remuant régulièrement, puis ajoutez les tomates et mélangez.

3 Ajoutez le safran, le cabillaud, les trois quarts des crackers, le fumet de poisson et 50 cl d'eau, poivrez et laissez cuire 15 minutes.

4 Servez dans des bols ou des assiettes creuses, puis parsemez de persil et du reste des crackers.

Vous pouvez utiliser d'autres poissons tels que le lieu jaune.

SOUPE DE POISSON
aux pommes de terre

Pour 4 personnes

Préparation : 10 min

Cuisson : 26 min

300 g de filet de morue dessalée grossièrement effeuillé

400 g de pommes de terre coupées en cubes

1/2 oignon

1 gousse d'ail écrasée au presse-ail

2 feuilles de laurier

1 cuil. à soupe de persil haché

1 cuil. à soupe d'huile d'olive

Sel et poivre

1 Faites revenir l'oignon et l'ail dans une casserole à feu moyen, sans les colorer, avec l'huile pendant 5 minutes, en remuant régulièrement.

2 Ajoutez 60 cl d'eau, les pommes de terre et le laurier. Salez peu et poivrez. Portez à ébullition, puis baissez le feu et laissez cuire 15 minutes. Écrasez grossièrement les pommes de terre à la fourchette.

3 Ajoutez la morue, poivrez, couvrez et laissez cuire 6 minutes.

4 Répartissez dans des bols ou des assiettes creuses et parsemez le persil. Versez éventuellement un filet d'huile d'olive.

Vous pouvez agrémenter cette soupe de quelques olives noires émincées au moment de servir.

Notes : ....

....

....

SOUPE
de poisson en bouillabaisse

Pour 4 personnes

Préparation : 15 min

Cuisson : 35 min

1 rouget coupé en tronçons

400 g de merlan coupé en tronçons

2 pommes de terre coupées en cubes

1 oignon coupé en cubes

4 tiges de thym effeuillées

1 gousse d'ail hachée

1/4 fenouil coupé en cubes

2 tomates coupées en cubes

200 g de tomates concassées

60 cl de fumet de poisson

12 pistils de safran

1 cuil. à soupe d'huile d'olive

Sel et poivre

Pour servir

1 petit pot de rouille

8 tranches de baguettes toastées

1 **Chauffez** l'huile d'olive dans une casserole et faites revenir l'oignon, le thym, l'ail et le fenouil 5 minutes, en remuant régulièrement.

2 **Ajoutez** les pommes de terre et laissez cuire 5 minutes à feu moyen et à couvert.

3 **Ajoutez** les tomates fraîches et les concassées, le fumet de poisson et le safran, puis poursuivez la cuisson 12 minutes.

4 **Ajoutez** les morceaux de merlan et de rouget et poursuivez la cuisson 12 minutes de plus.

5 **Salez, poivrez** et servez accompagné de la rouille et des tranches de baguettes toastées.

N'hésitez pas à varier les types de poissons en ajoutant de la lotte, de la rascasse et autres poissons de roche.

SOUPE de moules marinières

Pour 4 personnes

Préparation : 15 min

Cuisson : 25 min

1 kg de moules nettoyées

4 échalotes hachées finement

120 g de lardons fumés

1 carotte coupée en tout petits dés

2 gousses d'ail en chemise coupées en deux

2 feuilles de laurier

20 cl de vin blanc

30 cl de fumet de poisson

20 cl de crème liquide entière

4 tiges de persil haché

20 g de beurre

Poivre

1 Faites chauffer une cocotte à feu vif, versez-y les moules, couvrez et laissez cuire 3 minutes environ, le temps que les moules s'ouvrent complètement.

2 Décoquillez les moules et réservez-les dans la cocotte avec l'eau rejetée pendant la cuisson.

3 Dans une casserole, faites revenir dans le beurre, à feu moyen, les échalotes, les lardons, la carotte, l'ail et le laurier pendant 5 minutes, en remuant régulièrement.

4 Versez le vin blanc et portez à ébullition. Versez l'eau des moules et le fumet de poisson et laissez cuire 10 minutes.

5 Ajoutez les moules et poursuivez la cuisson 3 minutes de plus.

6 Versez la crème, poivrez et mélangez.

7 Répartissez dans des bols ou dans des assiettes creuses et parsemez de persil.

Pensez à réserver quelques moules avec leur coquille pour servir !

Notes : ______________________

SOUPE *piquante aux gambas*

Pour 4 personnes

Préparation : 15 min

Cuisson : 30 min

- 24 grosses gambas décortiquées (gardez les têtes et les carcasses)
- 4 oignons nouveaux émincés
- 1 cuil. à soupe de pâte de curry orange
- 90 cl de bouillon de légumes
- 4 cives émincées
- 2 bâtons de citronnelle coupés en tronçons
- 1 cuil. à soupe de nuoc-mâm
- 1 cuil. à soupe de citron vert
- 4 tiges de coriandre effeuillées
- 1 cuil. à soupe d'huile de colza

1 Dans une casserole à feu moyen, faites revenir les têtes et les carcasses des gambas dans l'huile pendant 5 minutes, en remuant régulièrement.

2 Ajoutez la pâte de curry, le bouillon, mélangez et laissez cuire 20 minutes.

3 Filtrez le bouillon et reversez-le dans la casserole ; ajoutez les gambas, les oignons, les cives, les bâtons de citronnelle, le nuoc-mâm, le jus de citron et la coriandre, puis laissez cuire 5 minutes à feu moyen.

La pâte de curry orange peut être assez relevée. Si vous aimez une cuisine moins piquante n'utilisez que la moitié de la quantité indiquée.

Notes : ....
....
....

VELOUTÉ de panais aux coquilles Saint-Jacques

Pour 4 personnes

Préparation : 10 min

Cuisson : 35 min

16 coquilles Saint-Jacques avec leur corail

3 panais coupés en demi-rondelles

2 pommes de terre coupées en gros cubes

4 échalotes grises hachées grossièrement

3 pincées de noix de muscade

90 cl de bouillon de légumes

10 cl de crème liquide

1 cuil. à café d'huile de noisette

20 g de beurre

Sel et poivre

Notes : ....

1 **Dans une casserole,** faites revenir les échalotes avec 10 g de beurre à feu moyen pendant 5 minutes, en remuant régulièrement.

2 **Ajoutez** les pommes de terre, les panais et la noix de muscade, salez, poivrez et poursuivez la cuisson 5 minutes à couvert, en remuant de temps en temps.

3 **Versez** le bouillon et laissez cuire une vingtaine de minutes, toujours à couvert.

4 **Dans une poêle,** laissez fondre le reste de beurre, puis faites cuire les coquilles Saint-Jacques 1 à 2 minutes de chaque côté.

5 **Versez** la crème dans la soupe et mixez finement.

6 **Servez** dans des assiettes creuses accompagnées des coquilles Saint-Jacques et d'un trait d'huile de noisette.

Pour une saveur légèrement différente, vous pouvez remplacer l'huile de noisette par de l'huile de sésame.

SOUPE
de poisson et gambas à la noix de coco

Pour 4 personnes

Préparation : 5 min

Cuisson : 15 min

16 grosses gambas

400 g de filet de cabillaud en tranches de 2 cm environ

40 cl de lait de coco

150 g de maïs en grains au naturel

45 cl de fumet de poisson (ou d'eau)

1 cuil. à soupe de nuoc-mâm

2 tiges de citronnelle coupées en quatre

1 cuil. à soupe de citron vert

1/2 cuil. à café de pâte de curry vert

4 tranches de gingembre

2 tiges de coriandre effeuillées

Notes : ....

....

....

1 Dans une casserole, faites cuire 5 minutes à feu moyen le fumet de poisson, le nuoc-mâm, la citronnelle, le gingembre et le jus de citron vert.

2 Ajoutez le cabillaud et poursuivez la cuisson 5 minutes.

3 Versez une louche du jus de cuisson dans un bol, délayez-y la pâte de curry, puis reversez-la dans la casserole et mélangez.

4 Ajoutez le lait de coco, les gambas, le maïs et poursuivez la cuisson 3 minutes supplémentaires.

5 Versez dans des assiettes creuses, saupoudrez les feuilles de coriandre et dégustez aussitôt.

Servez cette soupe accompagnée de rondelles de citron et de nuoc-mâm.

SOUPE
comme une paella au poisson

Pour 4 personnes
Préparation : 5 min
Cuisson : 25 min

90 g de riz rond
1 petit oignon émincé
1 gousse d'ail en chemise
1/2 poivron rouge coupé en cubes
1 douzaine de tranches de chorizo
20 g de petits pois frais (ou surgelés)
2 tomates coupées en cubes
1 pincée de filaments de safran
120 cl de court-bouillon
200 g de filet de cabillaud coupé en gros cubes
200 g de cocktail de fruits de mer surgelés décongelés
1 citron coupé en quartiers pour servir
1 cuil. à soupe de persil haché pour servir
1 cuil. à soupe d'huile d'olive
Sel et poivre

1 Faites revenir à feu moyen dans une sauteuse l'oignon, l'ail, le poivron et le chorizo avec l'huile d'olive pendant 5 minutes environ en remuant régulièrement.

2 Ajoutez le riz, les petits pois, les tomates, le safran et le court-bouillon et laissez cuire 15 minutes à feu moyen.

3 Incorporez le poisson et les fruits de mer, salez et poivrez à votre goût et prolongez la cuisson de 5 minutes.

4 Répartissez dans des bols ou des assiettes creuses, parsemez le persil et servez avec les quartiers de citron.

Vous pouvez également réaliser cette soupe avec un reste de poulet rôti à la place du poisson et des fruits de mer. Coupez-le en tranches fines et ajoutez-le en même temps que le riz.

CHOWDER *au haddock*

Pour 4 personnes

Préparation : 20 min

Cuisson : 30 min

400 g de haddock coupé en gros morceaux

600 g de pommes de terre pelées et coupées en morceaux

40 cl de court-bouillon

40 cl de lait

1 oignon coupé en petits cubes

2 feuilles de laurier

20 cl de crème liquide entière

20 g de beurre

Poivre

Pour servir

2 œufs durs coupés en petits cubes

1 bol de croûtons légèrement dorés

Notes : ....

....

....

1 Portez le lait et le court-bouillon à ébullition dans une casserole. Plongez-y le haddock pour 3 minutes et sortez-le à l'aide d'une écumoire. Enlevez la peau et effeuillez-le, puis remettez-le dans la casserole.

2 Faites revenir l'oignon et le laurier dans le beurre dans une autre casserole, à feu moyen, pendant 5 minutes à couvert, en remuant régulièrement.

3 Ajoutez les pommes de terre et laissez cuire 5 minutes à couvert en remuant régulièrement.

4 Versez le liquide de cuisson du haddock et poursuivez la cuisson 12 minutes à couvert.

5 Ajoutez le haddock, poivrez, mélangez et prolongez la cuisson 3 minutes.

6 Versez la crème, mélangez et laissez cuire encore 1 minute.

7 Répartissez dans des bols ou des assiettes creuses et parsemez les œufs durs et les croûtons.

Pour **parfumer** cette soupe, vous pouvez **ajouter** 1 cuillerée à café de **curry** en même temps que les pommes de terre.

CHOWDER *aux fruits de mer*

Pour 4 personnes

Préparation : 10 min

Cuisson : 26 min

400 g de cocktail de fruits de mer surgelés décongelés

600 g de pommes de terre pelées et coupées en morceaux

1 oignon coupé en petits cubes

2 gousses d'ail coupées en deux

1/2 bulbe de fenouil coupé en cubes + quelques pluches

2 feuilles de laurier

90 cl de court-bouillon

20 cl de crème liquide entière

20 g de beurre

Sel et poivre

1 Faites revenir l'oignon, l'ail, le fenouil et le laurier dans une casserole, à feu moyen, dans le beurre pendant 5 minutes à couvert, en remuant régulièrement.

2 Ajoutez les pommes de terre et laissez cuire 5 minutes de plus.

3 Versez le court-bouillon et poursuivez la cuisson 12 minutes à couvert.

4 Ajoutez les fruits de mer, salez légèrement et poivrez, mélangez et prolongez la cuisson de 3 minutes.

5 Versez la crème, mélangez et laissez cuire encore 1 minute.

6 Répartissez dans des bols ou des assiettes creuses et parsemez de pluches de fenouil.

Si vous voulez une soupe encore plus parfumée, n'hésitez pas à ajouter de l'aneth avec les pluches de fenouil.

Notes : ....

....

....

SOUPE de petits pois, roquette et saumon fumé

Pour 4 personnes
Préparation : 10 min
Cuisson : 15 min

300 g de petits pois frais écossés

1 poignée de roquette grossièrement hachée

90 g de saumon fumé grossièrement haché

4 oignons nouveaux grossièrement hachés

60 cl de bouillon de légumes

4 tiges de menthe effeuillées

20 g de beurre

1/2 cuil. à café de curry

Sel et poivre

1 Faites revenir les trois quarts des oignons et la roquette dans une casserole, à feu moyen, dans le beurre pendant 3 minutes, en remuant régulièrement.

2 Ajoutez les petits pois, le curry et le bouillon, salez, poivrez et laissez cuire une douzaine de minutes.

3 Ajoutez la moitié des feuilles de menthe et mixez finement au robot plongeant.

4 Versez dans des bols ou des assiettes creuses, répartissez sur les soupes le saumon ainsi que les oignons et les feuilles de menthe restants.

Notes : ....

Vous pouvez aussi utiliser
des petits pois surgelés.

SOUPE
marine à la créole

Pour 4 personnes

Préparation : 10 min

Cuisson : 25 min

360 g de cabillaud en tranches

120 g de chair de crabe

250 g de tomates pelées et coupées en morceaux

1/2 oignon émincé finement

2 gousses d'ail émincées finement

1/2 cuil. à café de gingembre râpé

1 piment

1 pincée de safran

2 feuilles de laurier

1 cuil. à café de persil haché

1 cuil. à café d'huile d'olive

Sel et poivre

1 Versez l'huile dans une casserole et faites-y revenir l'oignon et l'ail 5 minutes à feu moyen, en remuant régulièrement.

2 Ajoutez les tomates et 20 cl d'eau, salez, poivrez et laissez cuire 5 minutes, puis mixez.

3 Versez dans une autre casserole 40 cl d'eau, le gingembre, le piment, le safran et les feuilles de laurier et laissez cuire 5 minutes à feu moyen.

4 Ajoutez le poisson et poursuivez la cuisson 5 minutes.

5 Versez alors le tout dans la première casserole, ajoutez le crabe et laissez cuire encore 5 minutes.

6 Versez dans des assiettes creuses et saupoudrez le persil.

Pour éviter les arêtes, préférez les filets de cabillaud plutôt que les tranches.

Notes : ....

SOUPE *asiatique de printemps*

Pour 4 personnes

Préparation : 5 min

Cuisson : 5 min

2 rouleaux de printemps

1 blanc de poulet finement émincé

90 cl de bouillon de volaille

16 grosses crevettes décortiquées

1 petit bol de pousses de soja

4 feuilles de batavia coupées en tranches

2 tiges de coriandre effeuillées

2 tiges de menthe effeuillées

4 cuil. à café de sauce soja

1 petit piment émincé finement (facultatif)

Notes : ....

....

....

1 Coupez les rouleaux de printemps en tranches de 2 cm environ.

2 Dans une casserole, faites cuire 3 minutes le blanc de poulet dans le bouillon, puis ajoutez les crevettes et les pousses de soja et prolongez la cuisson 1 minute.

3 Répartissez les feuilles de batavia et les tranches de rouleau de printemps dans des bols et versez la soupe par-dessus.

4 Parsemez de feuilles de menthe et de coriandre, versez 1 cuillerée de sauce soja et, si vous le souhaitez, quelques tranches de piment haché juste avant de servir.

*Vous pouvez servir également des **quartiers de citron vert** pour **arroser** les soupes de jus en même temps que de **sauce soja**.*

SOUPE
Bo bun aux nems

Pour 4 personnes

Préparation : 10 min

Cuisson : 25 min

Repos : 2 min

16 gambas crues décortiquées

60 g de vermicelles de riz

8 nems de crevettes coupés en quatre

1 carotte râpée

1 cuil. à café d'huile de tournesol

1 gousse d'ail en chemise écrasée au couteau

4 fines tranches de gingembre frais

2 cives émincées ou 1 oignon nouveau émincé

90 cl de bouillon de légumes

1 tige de citronnelle coupée en quatre

4 tiges de menthe effeuillées

Nuoc-mâm

1 Préchauffez le four à 180 °C (th. 6).

2 Faites revenir dans l'huile l'ail, la citronnelle, le gingembre et la moitié des cives en remuant durant 3 minutes.

3 Ajoutez le bouillon, portez à ébullition et laissez cuire 10 minutes à feu doux.

4 Mettez les morceaux de nems à dorer au four pour une dizaine de minutes.

5 Pendant ce temps, faites cuire dans le bouillon la moitié de la carotte râpée et les vermicelles selon le temps indiqué sur l'emballage, comptez 5 minutes environ.

6 Ajoutez les gambas, couvrez et laissez reposer 2 minutes, feu éteint.

7 Servez dans des bols, ajoutez les morceaux de nems croustillants, quelques gouttes de nuoc-mâm et parsemez les feuilles de menthe, le reste des cives et de carotte.

Vous pouvez transformer cette recette en soupe végétarienne, en utilisant des nems aux légumes et en remplaçant les gambas par du tofu soyeux.

MESURES *utiles*

1 NOISETTE DE BEURRE =
4 grammes

1 NOIX DE BEURRE =
15 grammes

1 CUILLÈRE À SOUPE

= **15** grammes de sucre, farine ou beurre

= **12** grammes de crème fraîche ou huile

= **1,5** cl de liquide

= **3** cuillères à café

1 CUILLÈRE À CAFÉ

= **5** grammes de sel, sucre ou huile

= **7** grammes de beurre

= **0,5** cl de liquide

= **5** grammes de farine ou de semoule

1 PINCÉE DE SEL =
0,3 à **0,5** gramme

1 MORCEAU DE SUCRE =
5 grammes

Économat

Dans le placard

Sels (sel fin, fleur de sel, gomasio) et poivres (noir ou exotique)
Huiles de goût neutre (maïs, tournesol, colza) ou parfumées (olive, noix...)
Vinaigres (blanc, rouge, balsamique, de cidre...)
Laits végétaux (soja, riz, avoine, amande, coco...)
Crèmes végétales (soja, riz, avoine, amande)
Sucres (sucre blond ou complet, sirops d'érable ou d'agave...)
Sauces asiatiques (soja, tamari, hoisin, teriyaki...)
Farine de blé
Farines sans gluten (riz complet, sarrasin, pois chiche...)
Fécules de maïs ou de pomme de terre
Poudre levante bio
Cacao en poudre
Plaquettes de chocolat
Aides culinaires : bicarbonate alimentaire, agar-agar, bouillons et courts-bouillons bio déshydratés en cubes et en tablettes
Vanille (extrait ou gousse), extrait d'amande amère, noix de coco râpée...
Purées d'oléagineux (amande blanche, noisette, sésame 1/2 complet, cacahuètes...)
Riz, pâtes, semoule, céréales et légumineuses
Levure maltée ou de bière
Herbes
Épices
Fruits secs (dattes, figues, raisins...)
Oléagineux (amandes, noisettes, noix, cajou...)
Graines (chia, lin, sésame, tournesol, courge, pavot...)
Purée de tomates
Ail, échalote, oignons et pommes de terre

Température du four

Thermostat	Température approximative
1	**30 °C** (à peine tiède)
2	**60 °C** (tiède)
3	**90 °C** (chaleur très douce)
4	**120 °C** (chaleur douce)
5	**150 °C** (chaleur modérée)
6	**180 °C** (chaleur moyenne)
7	**210 °C** (assez chaud)
8	**240 °C** (chaud)
9	**270 °C** (très chaud)
10	**300 °C** (chaleur vive)

Dans le réfrigérateur

Moutardes
Herbes aromatiques fraîches
Tofu
Jus de citron
Yaourt au soja
Compote de pommes
Olives
Gingembre frais

Super pratique !

Dans le congélateur

Herbes aromatiques
Légumes
Fruits

TABLE *des recettes*

INDEX

Photographies et stylisme :
Dorian Nieto
Retrouvez Dorian sur : doriancuisine.com ou facebook.com/dorian.nieto

Directeur éditorial : **Didier Férat**
Édition : **Marjorie Goussu**
Graphisme et conception : **Julia Philipps**
Conception de la couverture : **Elodie Chaillous**
Fabrication : **Laurence Duboscq**
Photograveur : **Nord Compo**

Solar | un département **place des éditeurs**

place des éditeurs

ISBN : 978-2-263-15228-3
Code éditeur : S15228
Dépôt légal : octobre 2017
Achevé d'imprimer en France par Imprimerie Champagne